Registros akáshicos

Acceder a vidas pasadas y al conocimiento mediante la conexión con los guías espirituales, la meditación, la oración, el equilibrio de los chakras y la elevación de la vibración

© Copyright 2022

Todos los derechos reservados. Ninguna parte de este libro puede ser reproducida de ninguna forma sin el permiso escrito del autor. Los revisores pueden citar breves pasajes en las reseñas.

Descargo de responsabilidad: Ninguna parte de esta publicación puede ser reproducida o transmitida de ninguna forma o por ningún medio, mecánico o electrónico, incluyendo fotocopias o grabaciones, o por ningún sistema de almacenamiento y recuperación de información, o transmitida por correo electrónico sin permiso escrito del editor.

Si bien se ha hecho todo lo posible por verificar la información proporcionada en esta publicación, ni el autor ni el editor asumen responsabilidad alguna por los errores, omisiones o interpretaciones contrarias al tema aquí tratado.

Este libro es solo para fines de entretenimiento. Las opiniones expresadas son únicamente las del autor y no deben tomarse como instrucciones u órdenes de expertos. El lector es responsable de sus propias acciones.

La adhesión a todas las leyes y regulaciones aplicables, incluyendo las leyes internacionales, federales, estatales y locales que rigen la concesión de licencias profesionales, las prácticas comerciales, la publicidad y todos los demás aspectos de la realización de negocios en los EE. UU., Canadá, Reino Unido o cualquier otra jurisdicción es responsabilidad exclusiva del comprador o del lector.

Ni el autor ni el editor asumen responsabilidad alguna en nombre del comprador o lector de estos materiales. Cualquier desaire percibido de cualquier individuo u organización es puramente involuntario.

Índice de contenido

INTRODUCCIÓN 1
CAPÍTULO 1: NUESTRO MUNDO Y EL AKASHA 3
CAPÍTULO 2: ¿QUÉ SON LOS REGISTROS AKÁSHICOS? 15
CAPÍTULO 3: EL KARMA Y EL CICLO KÁRMICO 25
CAPÍTULO 4: ELEVAR SU VIBRACIÓN 38
CAPÍTULO 5: CHAKRAS 101 51
CAPÍTULO 6: DESBLOQUEO DE LOS CHAKRAS 65
CAPÍTULO 7: LIMPIEZA DE LA MENTE 78
CAPÍTULO 8: LIMPIEZA DEL ESPACIO 90
CAPÍTULO 9: CÓMO CONECTAR CON SUS GUÍAS ESPIRITUALES 99
CAPÍTULO 10: IDENTIFICAR SUS INTENCIONES 107
CAPÍTULO 11: EL MÉTODO DE LA ORACIÓN 114
CAPÍTULO 12: EL MÉTODO DE LA MEDITACIÓN 123
CAPÍTULO 13: EL MÉTODO DE VISUALIZACIÓN 130
CAPÍTULO 14: ACCESO A LOS REGISTROS DE OTROS 141
CAPÍTULO 15: PREGUNTAS FRECUENTES SOBRE LOS REGISTROS AKÁSHICOS 149
CAPÍTULO 16: LLEGAR A LOS REGISTROS AKÁSHICOS EN 30 DÍAS 160
CONCLUSIÓN 174
VEA MÁS LIBROS ESCRITOS POR SILVIA HILL 176
REFERENCIAS 177

Introducción

¿Se ha preguntado alguna vez cómo fueron sus vidas pasadas? ¿Siente curiosidad por su futuro?

Los registros akáshicos son el lugar donde se almacenan todas nuestras vidas pasadas, presentes y futuras. También son la fuente del conocimiento universal que nos ayuda a entendernos mejor a nosotros mismos y a los demás.

¿Se ha preguntado alguna vez cómo sería su vida si hubiera tomado una decisión diferente? ¿Y si hubiese aceptado esa oferta de trabajo en Nueva York en lugar de quedarse en Chicago? ¿Y si no hubiese ido al bar con sus amigos y hubiese conocido a su cónyuge? Puede encontrar todas estas respuestas accediendo a los registros akáshicos.

Ya no se tiene que preguntar sobre sus vidas pasadas. Este libro le enseñará a conectar con guías espirituales que le revelarán todo sobre usted en los registros akáshicos. También le mostraremos cómo elevar su vibración para acceder a estos registros más fácilmente.

El primer paso para acceder a los registros es comprender nuestro mundo tal y como existe hoy en día. Exploramos lo que constituye nuestra realidad, por qué estamos aquí y qué sucede después de la muerte. Puede que le sorprendan algunas de las respuestas. A continuación, echaremos un vistazo a los registros akáshicos -su propósito, su historia, su ubicación e incluso su funcionamiento- para que tenga una base firme para todo lo que viene a continuación.

Cuando lea los registros akáshicos, se conectará con sus guías espirituales, que le ayudarán a guiarle a través de este proceso y responderán a cualquier pregunta que pueda surgir durante su lectura. Se sentirá más conectado que nunca y comenzará a vivir una vida inspirada y llena de amor y luz. Esta es realmente una oportunidad única en la vida, así que no se la pierda.

Puede aprender sobre sí mismo en encarnaciones anteriores o incluso mejorar su vida actual. También es una excelente manera de descubrir por qué ocurren ciertas cosas en su vida y aprender de los errores cometidos en el pasado.

También damos instrucciones paso a paso sobre cómo desbloquear sus chakras (centros de energía), trabajar juntos de forma más eficaz y limpiarse a sí mismos y al espacio que les rodea antes de leer los registros juntos. También se incluyen consejos sobre la mejor manera de conectar con los guías espirituales (ayudantes del reino espiritual), una parte esencial para acceder al conocimiento universal a través de la conexión con los guías espirituales durante las lecturas.

Si hay algo que nos impide alcanzar todo nuestro potencial, es el miedo. El miedo al fracaso o al éxito, el miedo al cambio o a la falta de él, pero sea cual sea para cada individuo, siempre tendrá algún poder sobre nosotros hasta que lo afrontemos de frente y lo superemos. Este libro enseña a los lectores cómo conectar con estos espíritus guía para obtener información y superar sus miedos de una vez por todas.

"Registros akáshicos" es una guía práctica que le enseña a acceder a los registros de su vida pasada, presente y futura para comprenderse mejor a sí mismo y a quienes le rodean. Si está buscando orientación para superar el miedo, este libro es para usted.

Capítulo 1: Nuestro mundo y el akasha

Si alguna vez ha intentado comprender su verdadero propósito en la vida, probablemente se haya encontrado con el término registro akáshico. Como uno de los conceptos centrales de la teosofía, estos registros son esencialmente una colección de todo lo que ha ocurrido en el mundo y lo que ocurrirá en el futuro. No solo incluyen un registro de los eventos reales que han ocurrido y ocurrirán; también incluyen los pensamientos, sentimientos e intención de cada ser humano que ha vivido y que vivirá.

Cuando se utilizan correctamente, estos registros pueden ayudarle a alcanzar un nivel superior de comprensión. Sin embargo, antes de que pueda comprender cómo acceder a los registros akáshicos, primero tendrá que comprender con precisión lo que son.

Comprender el akasha

Antes de llegar a los registros akáshicos en sí, los lectores deberían intentar comprender el concepto de akasha. Este concepto se utiliza para explicar los registros akáshicos.

Primero, comprendamos lo que significa "akasha".

"Akasha" es una palabra sánscrita. Dependiendo de cómo se traduzca, puede significar cualquiera de las siguientes cosas:

- Éter
- Cielo
- Atmósfera

- Espacio abierto
- Ser visible

En el habla cotidiana, una versión de la palabra ("akash") describe el cielo. Sin embargo, la palabra tiene un significado mucho más profundo en el hinduismo y otras religiones tradicionales de la India (como el jainismo y el budismo).

Comprender la cosmología india

Existen varios modelos de cosmología india. Sin embargo, el sistema *pancha mahabhuta* es el más común y habla de cinco o seis elementos cosmológicos principales. Estos elementos son:

- Tierra, o *prithvi*
- Agua, o *jal/varuna* (*apa* en algunas tradiciones)
- Fuego, o *agni* (*teja* en algunas tradiciones)
- Aire y viento, o *vayu*
- El espacio, o *akasha/dyaus*

En el budismo, los elementos son un poco más complejos que los descritos anteriormente. Por ejemplo, el akasha se divide en dos mitades: *akasha-dhatu*, que se traduce como espacio limitado, y *ajatakasa*, que significa espacio infinito.

Entonces, ¿qué significa todo esto?

De nuevo, cada elemento mencionado anteriormente tiene un significado diferente en la cosmología india. Estos son:

- **Tierra:** El elemento sobre el que se basan todos los demás elementos. Representa la solidez, la fisicalidad de los humanos, y constituye la base de nuestras vidas. El elemento es parte de la materia física que nos rodea y una parte de nuestras mentes.

- **El agua:** El elemento que representa el movimiento perpetuo y la fluidez. Al mismo tiempo, hay una cualidad de memoria dentro del elemento agua, la evidencia científica muestra que el agua tiene memoria, y la forma en que se acerca al agua afectará a la forma que tiene.

- **El aire:** Este elemento no solo contiene el oxígeno y el dióxido de carbono que inhala y exhala. Más bien, hace referencia a todos los elementos atmosféricos, incluidos los que aún se están descubriendo. Al igual que el aliento que exhala, el elemento aire es uno de los más "repulsivos", al igual que el aire es repelido con fuerza y eliminado de su cuerpo.

- **Fuego:** En el hinduismo, el elemento fuego está representado por una deidad de dos caras, símbolo del fuego que da y quita la vida. Este elemento representa literalmente el fuego, pero también representa el calor y la energía en general, cualquier proceso que implique la producción de calor y energía puede estar relacionado con el fuego, incluyendo los procesos corporales internos.

- **Éter/Espacio:** El elemento de akasha no es un espacio vacío - es uno de los elementos más sutiles de la existencia y es el espacio donde todo existe. Es una fuerza imperceptible, y el resto del mundo proviene de akasha. En cuanto al cuerpo humano, el elemento akáshico comprende los orificios del cuerpo, como los oídos y la boca.

- En la cosmología tradicional budista y en la mayor parte del subcontinente indio, estos cinco elementos se describen como si estuvieran dentro de la persona o situados fuera de ella. Por ejemplo, fuera del cuerpo pueden estar en un río o en una montaña.

Además, hay un sexto elemento implicado en la cosmología en algunas tradiciones, que es la conciencia, o *vinnana*. Este elemento se refiere a los tres sentimientos "básicos" de la condición humana: el placer, el dolor y la sensación de no placer ni dolor. También abarca las impresiones sensoriales que causan estas emociones en el individuo.

En algunos análisis científicos de los cinco elementos, los cuatro primeros -tierra, agua, aire y fuego- se consideran aspectos de todos los objetos del mundo. Así:

- **La tierra** representa la densidad del objeto.
- **El agua** representa la fluidez, la viscosidad y la solubilidad.
- **El aire** representa la presión de un objeto y la fuerza reactiva que actúa sobre los objetos.
- **El fuego** representa la energía calorífica. Aunque algunos textos se refieren a dos tipos de elementos de fuego -el calor del fuego y el calor de la frialdad- la ciencia moderna demuestra que la sensación de frío es simplemente el resultado de tener menos energía calorífica a su alrededor, lo que significa que ambos tipos de elementos de fuego se relacionan en última instancia con la energía calorífica.

Sin embargo, el akasha es un poco menos comprensible para la ciencia moderna. Veamos lo que representa este elemento en la religión tradicional de la India:

- **El budismo:** Como se mencionó anteriormente, en el budismo, la idea del elemento akasha se divide en dos mitades que consisten en el espacio limitado referido como akasha-dhatu, y el espacio sin fin o *ajatakasa*. El budismo dice explícitamente que el elemento akasha es real, y su comprensión se identifica a menudo como el quinto estado de dhyana o meditación.
- **El jainismo:** Al igual que en otras religiones y tradiciones, en el jainismo el akasha se identifica con el espacio. Es una de las seis sustancias esenciales de la creación y ayuda a facilitar las otras cinco (los seres sintientes o almas, la materia no sintiente y los principios de movimiento, reposo y tiempo). Sin akasha, las otras cinco no podrían existir. El akasha es infinito y omnipresente y comprende infinitos puntos espaciales. En algunas tradiciones jainistas, y al igual que en el budismo, existen dos tipos de akasha: loakasha, el espacio ocupado por el mundo material, y aloakasha, el espacio más allá del mundo material, que está vacío y es esencialmente un vacío absoluto. Tal como lo entendemos, el universo es solo una pequeña parte del loAkasha. En el punto más alto de loAkasha se encuentra el siddhashila (esencialmente, el hogar de las almas liberadas del ciclo de nacimiento y muerte y que han alcanzado moksha).
- El akasha también es importante en el **hinduismo.**
- En el hinduismo védico, akasha es el primero de los cinco elementos en ser creado. La secuencia para la creación de los elementos se registra en un mantra védico, que explica:
- Primero, apareció el espacio (akasha)
- Del espacio surgió el aire
- Del aire surgió el fuego (o energía)
- Del fuego surgió el agua
- Finalmente, el agua dio origen a la tierra

La principal característica del akasha es el shabda, o sonido. En el hinduismo, shabda y artha son eternos, y el sonido definido por *shabda* representa la obtención del conocimiento necesario o adecuado. Por lo tanto, en el hinduismo, akasha está vinculado al conocimiento.

Algunos textos hindúes explican que akasha es lo mismo que el éter, y no solo es un elemento, sino el quinto elemento **físico**. Por lo tanto, lo consideran real y corpóreo.

Sin embargo, otras tradiciones explican que el sonido es la única propiedad de akasha. Otros traducen la palabra akasha con el significado de firmamento -es decir, los cielos- y explican que también es uno de los nombres de Shiva, una de las principales deidades hindúes y el dios de la destrucción, el yoga, el tiempo y la danza. Es un miembro de la Trimurti de Brahma, Vishnu y Shiva, y con ellos, ayuda a guiar al mundo a través de los ciclos de creación y destrucción.

En la mayoría de las tradiciones indias, akasha es el elemento más importante. Sin akasha, los demás elementos -los otros cuatro elementos descritos en el budismo y el hinduismo, o las otras cinco sustancias esenciales descritas en el jainismo- no existirían.

Puede que akasha no se considere siempre un elemento físico, pero sigue siendo más importante que los elementos físicos. Aunque el sexto elemento no físico (vinnana o conciencia) no suele mencionarse en la exploración de los elementos esenciales en la cosmología india, akasha sigue siendo una parte crucial para entender el universo que nos rodea.

En las tradiciones yóguicas, los cinco elementos mencionados anteriormente deben colaborar. Si no están en armonía, se convierte en una lucha para lograr sus objetivos. En Isha yoga, cada parte de su práctica yóguica se basa en conseguir que estos cinco elementos estén en armonía, permitiéndole cosechar los beneficios de cada elemento y también la combinación de todos ellos. Esta tradición de yoga cree que conseguir que los cinco elementos estén en armonía hace que la vida sea mucho más fácil para el individuo.

El akasha en la teosofía

La teosofía es un movimiento religioso que enseña los valores de la mejora social y la hermandad universal y explica que existe un único y divino Absoluto. Todo en el universo es un reflejo externo del Absoluto, y la teosofía promueve la idea de que el propósito de la vida es alcanzar la emancipación espiritual.

Muchos de los principios básicos de la teosofía se derivan de los escritos de la rusa Helena Blavatsky, y a menudo se la considera la fundadora de la teosofía. Una de las partes clave de la teosofía, al menos según los escritos de Blavatsky, era la idea del akasha.

En sus escritos, Blavatsky se refería al akasha como una fuerza vital. También hablaba de las "tablas de la luz astral", que documentan el pasado y el futuro y contienen todo el pensamiento y la acción humana en ellas.

Otras explicaciones del término akasha por parte de Blavatsky incluyen que es un nombre para la "conciencia divina eterna". Es infinita, incondicionada e indiferenciada.

En la teosofía, el logos es la "deidad manifestada" y la "expresión externa" del Absoluto. Blavatsky explica que hay tres logoi. El primero es inmanifestado, la ideación precósmica que emana primero del Absoluto. En esta etapa no hay tiempo ni espacio, y estos solo se forman una vez que se establece la diferenciación. El primer logos es esencialmente simbólico del potencial no reconocido, que sin embargo sigue existiendo.

Según Blavatsky, este primer logos irradia del akasha. Sin el akasha, el primer logos de potencial puro es imposible, y también lo es el mundo tal como lo conocemos.

Esencialmente, los escritos de Blavatsky utilizan akasha como otra forma de referirse al Absoluto divino de la teosofía. akasha irradia todo lo demás, y sin akasha, no hay universo - al igual que con el Absoluto.

Blavatsky nunca utilizó el término "registro akáshico" en sus escritos. Sin embargo, como se mencionó anteriormente, ella hablaba de tablillas en las que se registraban todos los pensamientos y acciones humanas. La idea de los registros akáshicos fue explorada en detalle por dos prominentes teósofos: Alfred Percy

Sinnett y Henry Steel Olcott.

Olcott explica (como se discutió anteriormente) que hay dos ideas enterales en el budismo - nirvana y akasha. Todo proviene del elemento akáshico, y nada surge de la nada. Señala que esto significaba esencialmente que había "una permanencia de los registros en el akasha" en el budismo primitivo. La gente también podía leer estos registros, que se concedían cuando una persona alcanzaba la iluminación.

Los planos de existencia teósofos

En la teosofía, hay seis (o siete) planos de existencia. Aunque Blavatsky describió siete planos, el primero se omite ocasionalmente en los escritos teosóficos modernos.

Estos planos están formados esencialmente en círculos. El primero es el más pequeño, en el centro, y el séptimo abarca los otros seis y es el más grande. Los siete planos, de adentro hacia afuera, son:

1. Sthula Sharira, o el plano prakrítico, abarca el cuerpo físico.
2. Linga Sharira, o el plano astral, es el plano del cuerpo astral.
3. El plano pránico, o jívico, es la residencia del principal vital.
4. El plano kamarupa, o fohático, es la ubicación del "cuerpo deseado", la base de las pasiones y los deseos.
5. El plano manásico, o mahático, es la sede del ego superior (el aspecto espiritual) y del ego inferior (el aspecto del ego cubierto por la mente ordinaria). Es el plano donde se dice que reside el akasha.
6. El plano búdico, o alayico, es el hogar del espíritu universal. De este plano emana la inspiración divina.
7. El plano átmico, o áurico, es el plano del Absoluto, de donde emana su radiación. Para un individuo, alcanzar este plano es llegar a ser uno con el Absoluto. A veces se omite, ya que es el plano más elevado.

Como se mencionó anteriormente, el akasha reside en el quinto plano. Según Blavatsky, cada plano era esencialmente la suma de lo que le precedía. Así, el plano mahático era todo lo que contenía ese plano, y todo lo que contenía los planos fohático, jívico, astral y prakrítico.

Los planos menores no existirían sin los mayores. La teósofa Annie Besant consideró los planos en términos de la ciencia moderna. Según sus ideas:

1. El plano prakrítico era el plano del elemento sólido.
2. El plano astral era el plano del líquido.
3. El plano jívico era el plano de lo gaseoso.
4. El plano fohático era el plano de lo etérico.
5. El plano mahático era el plano de lo superetérico.
6. El plano búdico era el plano de lo subatómico.
7. El plano áurico era el plano de lo atómico.

Los siete planos pueden dividirse en el físico pesado (el sólido, el líquido y el gaseoso) y el etérico (los cuatro planos superiores: etérico, superetérico, subatómico y atómico).

La fuerza vital se encuentra en los planos superiores, por lo que comprender estos lugares superiores es crucial.

Aunque el akasha se encuentra en el quinto plano, también se manifiesta en el primero, el plano prakrítico. Como se ha dicho, cada uno de los planos superiores abarca lo que está contenido en los planos menores.

Sin embargo, el plano prakrítico es el plano de la materia - las manifestaciones de la Radiación del Absoluto. El akasha es el aspecto superior de esta manifestación, y toda la materia del akasha.

Además, hay que tener en cuenta que, aunque el akasha esté en el quinto plano, sigue siendo infinito, y por eso algunos teóricos se refieren a los siete planos como los siete principios del akasha. Por lo tanto, aunque el akasha resida en el quinto plano, sigue estando innegablemente conectado al séptimo plano y al Absoluto divino.

El akasha y la magia

Además de ser la fuente del conocimiento esotérico, el akasha también está conectado con la magia. Según Blavatsky, el akasha está vinculado al poder que permite el funcionamiento de la magia. Ella escribió que "El akasha es el agente indispensable de toda kritya (actuación mágica, religiosa o profana)".

Tenga en cuenta que el akasha es un elemento esencial de la creación. Aunque puede diferir en su naturaleza y características, forma parte de todo, al igual que los elementos menos sutiles (fuego, agua, tierra, etc.). Para realizar magia, los practicantes deben primero comprender correctamente el akasha porque no solo está vinculado al poder que permite el funcionamiento de la magia, sino que también es un elemento básico de la creación. Realizar magia sin una comprensión adecuada de akasha sería como conducir un automóvil con los ojos cerrados mientras se depende únicamente del oído para guiarse. Por no hablar de que akasha es la fuente del conocimiento y, en cierto modo, impregna todas las formas de vida. ¿Cómo puede uno comenzar a entender el funcionamiento de la magia sin enraizarse en el akasha?

Los registros akáshicos

Como ya se ha dicho, Blavatsky nunca mencionó la palabra "akasha" en sus escritos. Sin embargo, teóricos posteriores han utilizado su obra para explorar el concepto de estos registros.

Dado que el akasha es la fuente del conocimiento y está vinculado al Absoluto (donde irradia toda la realidad manifestada), tiene sentido que exista un registro de estas radiaciones. Sin embargo, estos registros no son de fácil acceso. Su ubicación en los planos más elevados y espirituales de la existencia significa que un individuo necesitará tiempo y esfuerzo para acceder a los registros akáshicos.

La información contenida en estos registros puede ser un reto para los no preparados. Por ejemplo, dado que los registros contienen toda la información pasada y futura, los lectores podrían acceder a sus vidas pasadas y futuras.

Si desea acceder a sus registros akáshicos, es esencial que comprenda los pasos preparatorios que debe dar y los pasos necesarios para prepararse para acceder a ellos mentalmente. No es un proceso corto, es decir, no puede esperar leer sus registros en un día.

Sin embargo, puede ser muy gratificante si se esfuerza.

Teniendo en cuenta estos retos, quizá se pregunte por qué es importante leer estos registros. El siguiente capítulo le dará una comprensión más profunda de los registros akáshicos y de por qué debe acceder a ellos. Además, el libro también explica el ciclo kármico y su relación con los registros akáshicos.

Por último, aprenderá a prepararse para acceder a sus registros. Esta preparación implica elevar su vibración, desbloquear sus chakras y limpiar su mente. Recuerde que el acceso a los planos superiores requiere que usted tenga claras sus intenciones, que es lo que la etapa de preparación le permite hacer. También aprenderá a limpiar su espacio, a conectar con sus guías espirituales y ayudantes, y a identificar lo que espera conseguir precisamente al acceder a sus registros.

El acceso a sus registros akáshicos se realiza mejor con una intención clara en mente y con las preguntas que desea que sus registros respondan. Comprender cómo enfocar su mente solo en estas intenciones clave hace que el acceso a los registros sea mucho más fácil.

Por último, también comprenderá cómo leer los registros akáshicos. Hay varios métodos para acceder a los registros, y cada método difiere de una persona a otra.

Hablamos de acceder a sus registros akáshicos. Sin embargo, es posible acceder a los registros de otras personas. Acceder a los registros de otras personas es significativamente más difícil que acceder a los suyos propios, pero hemos incluido una descripción general de cómo acceder a los registros de otra persona si lo necesita.

Los registros akáshicos no son más que una extensión natural del akasha, que es el espacio mismo y la esencia primordial que compone todo el espacio. Este quinto elemento cósmico puede no ser percibido por la mayoría de los humanos, pero juega un papel en nuestra vida cotidiana. Según los escritos de Madame Blavatsky y Alfred Percy Sinnett, la tierra se ve afectada por el akasha, en particular por el magnetismo akáshico, que ayuda a restaurar el equilibrio perturbado de la atmósfera. El acceso a este elemento permite a las personas acceder a planos superiores de existencia y acceder al almacén de todo el conocimiento en los registros akáshicos.

Ahora que ya ha comprendido lo que es el akasha, necesita entender los registros akáshicos con más detalle antes de aprender cómo acceder a ellos. Para ello, siga leyendo.

Capítulo 2: ¿Qué son los registros akáshicos?

En el akasha, los pensamientos, las emociones y las acciones de cada persona se almacenan en una dimensión superior que trasciende la nuestra. Este colosal compendio se conoce como los registros akáshicos. Es esencialmente una base de datos de nuestro pasado, futuro y presente coexistiendo juntos. Además, es una colección de todo el conocimiento y la sabiduría que la humanidad ha recogido a lo largo de la historia. Debido a esto, estos registros no son vistos como hechos históricos, sino como una herramienta de guía hacia la limpieza de nuestros sentimientos y pensamientos y se utilizan para mostrarnos el camino correcto.

Aunque los registros akáshicos se encuentran en un plano superior, con la suficiente práctica, cualquiera puede acceder a los suyos porque, en esta dimensión, las reglas naturales, como el tiempo, no se aplican, lo que significa que algo que ocurrió hace miles de años está tan lejos como lo que ocurrió ayer. El akasha es la energía presente en todo el Universo, vivo y no vivo. Por lo tanto, las fuentes de esta sabiduría universal son ilimitadas. Cualquiera puede acceder a cualquier registro que desee, desde sus casas o mascotas hasta sus almas y relaciones. Acceder a los registros akáshicos conlleva múltiples beneficios. A través de ellos, se puede obtener información objetiva sobre cualquier cosa sin el riesgo de toparse con opiniones críticas, como ocurriría en cualquier otra base de datos. En esta base de datos, no hay etiquetas. Solo hay hechos puros.

Beneficios de desbloquear los registros akáshicos

Uno de los mayores beneficios de los registros akáshicos es que le permiten reflexionar sobre sus elecciones para determinar si se alinean con sus verdaderos deseos. Revisando sus acciones pasadas, puede saber cómo sus decisiones han impactado en su vida hasta ahora. Digamos que es una persona creativa, pero para asegurar la estabilidad financiera, decidió aceptar un trabajo que no requiere imaginación. Al revisar sus registros, verá claramente que su decisión lo hizo infeliz, ya que no fue tomada con un propósito que se alinee con el deseo de su alma. Aunque cambiar a una opción profesional creativa podría hacerle ganar menos dinero, le proporcionaría una existencia más dichosa.

Además de ayudarle a sanar sus cicatrices internas, los registros akáshicos pueden contribuir a reparar sus relaciones con sus seres queridos. Los malentendidos suelen ser la causa de la mayoría de los problemas en las relaciones. Si solo ve las cosas desde su punto de vista, esto nubla su juicio, lo que puede tensar su relación. Los registros akáshicos le ayudarán a ver lo que ocurre entre usted y sus seres queridos desde una perspectiva diferente.

Digamos que una persona cercana a usted dijo o hizo algo que le hirió tan profundamente que no le importó escuchar las razones detrás de sus acciones. Al señalar algo que ha pasado desapercibido en su interacción con ellos, los registros le ayudarán a superar el dolor. La sabiduría universal puede mostrarle que su ser querido solo quería ayudarle ofreciéndole un punto de vista neutral. Una vez que haya procesado esto, puede ponerse en contacto con su ser querido para reparar su relación. Esto aliviará la tensión en su relación y la sanará con el tiempo.

Reparar las relaciones rotas con los vivos ya es un reto, pero el asunto se complica aún más con los fallecidos. No puede hacerles responsables de sus acciones ni preguntarles sobre sus pensamientos y emociones. Al acceder a los registros akáshicos, obtiene una mejor visión de sus vidas que le ayuda a comprender su comportamiento cuando estaban vivos. Funciona como si creara un diálogo con ellos, excepto que no les habla; se comunica con su alma. Comprenderles mejor le ayuda a recuperar la fe en su relación y libera una carga de su alma y de la suya.

A veces, los traumas psicológicos pueden trascender generaciones. Una decisión errónea de sus ancestros o cualquier prueba que hayan sufrido en su vida pueden perseguirle sin que se dé cuenta. Por ejemplo, supongamos que el alma de su ancestro ha experimentado un trauma en la infancia. En ese caso, podrían haberlo arrastrado hasta la edad adulta, impidiéndoles alcanzar el propósito de su vida, lo que habría provocado resentimiento y bajas expectativas para el futuro. Además, también podrían haber transmitido este sentimiento a sus hijos, que continuaron por el mismo camino con sus hijos, y, finalmente, esta carga emocional acabó sobre sus hombros. Si usted experimenta un desequilibrio emocional, y no puede encontrar la causa del mismo en sus registros akáshicos, desbloquear los registros de sus ancestros puede contener las respuestas. Localizar una herida del pasado y liberarla en nombre de los ancestros puede liberar también su alma, para que pueda validar sus deseos.

A través de este proceso, también puede descubrir su fuerza interior, que le impulsará a resolver todos los aspectos disfuncionales de su vida. Su alma es un núcleo inmutable de su verdadero ser y tiene el propósito universal de guiarle en las direcciones correctas. A través de los registros akáshicos, puede descubrir cosas en profundidad y averiguar qué fue lo que le hizo comenzar a confiar en la validación externa en lugar de escuchar sus propios deseos. Un trauma emocional que ha dado lugar a un miedo que bloquea su energía para llevar los mensajes de su alma puede ser el responsable de todas sus acciones. Si lo es, sus huellas estarán presentes en sus registros akáshicos. Identificar este patrón puede ayudarle a comprender por qué toma decisiones equivocadas en su vida. Una vez que sea consciente de las causas y consecuencias de sus acciones, podrá comenzar a tomar decisiones más adecuadas.

Recibir conocimientos que forman parte de la sabiduría colectiva de la humanidad es muy inspirador. Las emociones que evocan las respuestas dadas suelen ser una gran fuente de motivación para cambiar la vida. Esto es especialmente cierto si está leyendo su registro akáshico o el de sus ancestros. Por lo general, cuanto más cerca esté la información de usted, más intenso será el mensaje. Debido a esto, le inspirará aún más para tomar el camino que le lleve a hacer realidad sus sueños y a alcanzar su más alto potencial espiritual. Si necesita más motivación para superar un obstáculo particularmente desafiante en su vida, puede aprovechar un grupo especial de información en los registros akáshicos. Se denominan Los Puntos de Gracia, y su propósito es ayudarle a sanar los traumas causados por los acontecimientos del pasado y a averiguar cuál es la causa probable de su incapacidad para afrontar el obstáculo. Los puntos de gracia también le permiten retener mucho más la información que recibe de los registros.

Las adicciones se presentan de muchas formas, desde las físicas hasta las emocionales. A veces, provocan que termine constantemente en relaciones tóxicas sin siquiera ser consciente de este patrón. La única manera de resolver esto y asegurarse de que no le vuelva a ocurrir es descubrir por qué está atrayendo a personas tóxicas a su vida en primer lugar. La razón detrás de esto es a menudo demasiado dolorosa para soportarla, por lo que su mente bloqueará automáticamente el recuerdo de su mente consciente. Sin embargo, el desencadenante permanece en su subconsciente, y sigue afectando a sus relaciones. Los registros akáshicos pueden ayudarle a encontrar este desencadenante, a tratar con él y a borrarlo de su mente.

Además de ser un medio de sanación, los registros akáshicos pueden apoyar su aprendizaje de nuevas habilidades. Parte de esto se debe a la gran cantidad de información a la que accede de sus seres queridos, tanto de los vivos como de los muertos. Al prestarle fuerza y orientación cuando más lo necesita, incluso sus antepasados fallecidos desde hace tiempo pueden ayudarle a sentirse querido. Además, la búsqueda de información a través de los registros abre un amplio abanico de conocimientos. Querer aprender más sobre los distintos aspectos de la vida forma parte de su constitución humana básica. Ahora, tendrá una fuente infinita de información a su disposición para satisfacer su curiosidad. A medida que aprenda más y comience a desarrollar sus propias teorías, creará nuevos sistemas de creencias, haciendo aflorar nuevas emociones, lo que le hará invertir aún más en el conocimiento que ha obtenido de los registros. A medida que la información se vuelve más relevante para su vida, se convertirá en una parte integral de su alma. En pocas palabras, se convierte en una inversión emocional en su éxito. Sin embargo, la información obtenida de los registros puede servir de inspiración para otros, y la razón es que la gente se da cuenta de cuándo cree genuinamente en algo. Si ven lo impulsado que está en el camino que eligió en la vida, esto puede motivarlos a hacer los cambios necesarios en sus vidas también, mientras que si solo les predica sobre hacer mejores elecciones de vida, puede mostrarles qué decisiones lo llevaron a su felicidad, y es más probable que adopten sus creencias en lugar de aprender de cualquier sermón.

Los registros akáshicos se pueden canalizar a través de varios métodos de meditación, oración o técnicas de recuperación de la intuición, pero también puede utilizarlos para sanar. Combinando la sabiduría de los registros con una técnica de relajación de su elección, puede conseguir resultados mucho más rápidamente. Sin embargo, estos ejercicios específicos no son la única forma de sanar sus traumas del pasado. La sabiduría universal puede incluso inspirarle en sus aficiones, ayudándole a ser mejor en algo que disfruta haciendo es otra forma de promover la autosanación. Puede que incluso encuentre una nueva vocación permanente a través de esto y cumpla sus deseos de una manera que nunca pensó posible.

¿Qué puede esperar de los registros akáshicos?

Los registros akáshicos pueden proporcionarle respuestas en cualquier momento que las necesite. Siempre que sus preguntas se centren en el tema a cuyos registros está accediendo, obtendrá una respuesta sobre cualquier cosa que pueda imaginar. Por ejemplo, si está leyendo para sí mismo, haga preguntas relacionadas con cualquier cosa que tenga que ver con su vida. Puede desbloquear los registros de su gato si lo desea, pero la pregunta tiene que estar relacionada con usted. Vale la pena mencionar que solo puede esperar respuestas a preguntas abiertas porque la sabiduría en akasha se mantiene en un lenguaje universal. Para comprender el mensaje, debe ser traducido a su idioma por los guardianes de los registros. Estos seres prefieren no transmitir respuestas a preguntas de sí o no porque saben que estas preguntas no pueden tener una respuesta definitiva. Responder con un simple sí o no le engañaría, y esto es algo que los registros nunca harán.

Por otro lado, si está buscando una guía o una forma de empoderarse para tomar una decisión que cambie su vida, puede confiar en los registros. El propósito de esta fuente universal de sabiduría es promover la autoconfianza. Puede utilizarla para aprender lecciones de vida por su cuenta, pero siempre podrá confiar en ella a lo largo de su viaje. A veces, la información que recibe es mucho menor de lo que hubiera esperado porque solo recibe lo que necesita y no lo que cree que necesita. Aunque a menudo arrastramos profundos traumas del pasado, también tendemos a hacer nuestros problemas más grandes de lo que realmente son. Si recibe una respuesta corta, está de suerte porque su problema puede resolverse mucho más rápido de lo que cree.

En última instancia, puede esperar que los registros akáshicos lleguen a la raíz del problema y, lo que es más importante, que le ayuden a resolverlo. En cuanto abra los registros, su energía le envolverá, dándole ese impulso inicial de confianza que necesita para desbloquear la información requerida. Más adelante, al hacer muchas preguntas específicas, podrá revisar todos los acontecimientos de su vida que puedan haberle causado un trauma.

Cosas a tener en cuenta antes de acceder a los registros akáshicos

Cuando acceda a registros akáshicos específicos, debe hacerles preguntas formuladas con precisión. Así obtendrá una respuesta más directa y una idea más clara de cómo proceder utilizando la guía que ha recibido. Para los principiantes, es una buena idea escribir estas preguntas de antemano, para tenerlas a la vista cuando intente acceder a los registros. De lo contrario, puede correr el peligro de que su mente se deje llevar por pensamientos y emociones no relacionadas, sin mencionar que incluso recordar los mensajes recibidos puede ser un reto para un principiante. Es posible que vea la información con claridad al acceder a ella. Sin embargo, en cuanto cierre los registros, el recuerdo de lo sucedido puede volverse borroso. Anote las respuestas inmediatamente después de recibirlas y mientras su línea de comunicación con los registros akáshicos sigue abierta. La relectura de sus notas mantendrá frescos los resultados después de cerrar los registros.

Tener claro lo que desea aprender de los registros tiene una ventaja más. Este medio contiene una gran cantidad de información. Por ello, la única manera de asegurarse de obtener la respuesta correcta es expresando claramente su intención. De lo contrario, sería como navegar al azar por una base de datos con la esperanza de encontrar información interesante. Incluso si solo quiere explorar un periodo determinado de su vida porque no está seguro de cuándo ocurrió el acontecimiento, tendrá que dejarlo claro desde el principio. Encontrar una respuesta más específica será casi imposible si no acota su intención. Podría pasar semanas navegando por los registros y aun así no encontraría lo que busca si no puede formular sus preguntas con suficiente claridad.

Es igualmente importante recordar que las reglas de la ciencia no se aplican en el akasha, lo que significa que ir con un preconcepto científico o buscar una explicación para su respuesta de forma rígida y sistemática no le dará los resultados deseados. Por otro lado, puede obtener el poder de la sabiduría y la energía de todas las dimensiones y utilizarla en su vida con el enfoque correcto. La mejor manera de ver los registros akáshicos es como una conciencia espiritual colectiva que evoluciona desde los albores de la humanidad. Acceder a esta sabiduría colectiva requiere cultivar una relación sagrada con su espiritualidad. Solo aquellos buscadores que hayan alcanzado un estado de independencia espiritual podrán acceder a las infinitas fuentes de energía y conocimiento de akasha.

Si es la primera vez que lee sobre los registros akáshicos, es posible que sea un poco escéptico sobre su existencia. Una de las razones puede ser que no tenga mucha experiencia en la exploración de la espiritualidad. A menudo estamos desconectados de nuestro interior, y enfrentarse a cualquier cosa que pueda descubrirlo puede ser un reto. Pero, aunque haya intentado conectar con su espiritualidad antes, desbloquear los registros akáshicos puede hacerle sentir que se encuentra en un territorio desconocido. La cantidad de sabiduría espiritual a la que tendrá acceso será abrumadora.

Otro reto al que se enfrentan quienes intentan desbloquear sus registros es esperar obtener respuestas precisas a sus preguntas sobre el futuro. Los registros akáshicos solo nos muestran resultados potenciales, y lo que se ve depende de varios factores. La idea de acceder a esta base de datos de sabiduría universal es, sin duda, intrigante. Sin embargo, cuando se mira al futuro, se aconseja a los buscadores no tomar todo al pie de la letra. A menudo puede resultar en una decepción al descubrir que el futuro que ha previsto no se hace realidad. Recuerde que puede haber infinitos resultados para cada pensamiento y acción. Por lo tanto, la respuesta que obtiene en un momento determinado es el escenario más probable basado en sus intenciones en ese momento.

Por otra parte, usted tiene el control de la configuración de su destino, y puede decidir emprender un nuevo camino en cualquier momento de la vida. Por lo tanto, un posible resultado solo se materializará si se mantiene en el mismo camino que está siguiendo al acceder a los registros. Si se desvía de él dando un paso en otra dirección, los resultados de sus acciones también cambiarán.

Sin embargo, en lugar de pensar en por qué pueden cambiar los resultados, decida centrarse en utilizar la fuente de conocimiento que obtiene de los registros para conjurar el resultado que desea. Recuerde que esta fuente de sabiduría es miles de veces más potente que su mente consciente, lo que significa que puede tener una inmensa influencia en su pensamiento y en las acciones resultantes. Los registros akáshicos pueden ser una herramienta poderosa, pero depende de usted cómo los utilice. Y, no, los registros tampoco le dirán lo que tiene que hacer. Sin embargo, le ofrecerán una guía que proviene de un lugar de compasión y que promueve el amor. Esto le permitirá trascender las creencias limitantes y transformar sus relaciones, pero todo ocurre de forma muy sutil. Lo más importante es que solo funcionará si está dispuesto a hacer el esfuerzo necesario para transformar su vida.

Aunque pueda oír hablar de formas populares de acceder a los registros akáshicos, en realidad, no hay una forma correcta o incorrecta de hacerlo. Mientras el método que utilice le mantenga lo suficientemente concentrado para alcanzar, desbloquear los registros y recibir sus mensajes, funcionará bien. Es necesario un estado de conexión a tierra para abrir su mente y recibir todo el conocimiento que busca. La información que encuentre será confusa, especialmente si aún no tiene suficiente práctica para recuperarla. Por lo tanto, querrá que su mente esté asentada y despejada de pensamientos y emociones irrelevantes. Además, si recibe un consejo especialmente confuso o una información difícil de procesar, es posible que se sienta inquieto después de la sesión. Estar en un estado mental tranquilo de antemano ayuda a desescalar la situación y, con la suficiente práctica, el proceso será más fácil. Al cabo de un tiempo, incluso después de una sesión agotadora, comenzará a hacer automáticamente el mismo ejercicio de relajación que utilizó para entrar en un estado relajado.

La naturaleza objetiva de los registros akáshicos

Como hemos mencionado anteriormente, los registros akáshicos solo contienen información objetiva. Esto se debe a que cuando pensamos, sentimos o realizamos otras actividades, dejamos impresiones en nuestras almas. Estas impresiones y la energía resultante se almacenan en el tiempo y el espacio.

Ahora, una vez que hemos comenzado a tratar con la energía, esto significa que hemos comenzado a tratar con la forma más cruda del concepto, pensamiento o sentimiento. En otras palabras, hemos empezado a tratar con lo que la cosa es y no con lo que siente, parece, etc. Por ejemplo, la pena es una reacción que solemos tener cuando sufrimos una pérdida. Subjetivamente, todos tenemos opiniones sobre por qué nos afligimos. Además, muchos pueden tener sentimientos sobre el concepto o el sentimiento que es el duelo. Mientras tanto, objetivamente, el duelo es simplemente una reacción a un evento.

Acceder a los registros akáshicos le ayudará a comprender la información objetiva. Depende de usted adaptar la información a sus creencias básicas o sus creencias básicas a la información, pero una cosa sigue siendo cierta: Los registros akáshicos contienen la sabiduría en su *forma energética más cruda*.

Capítulo 3: El karma y el ciclo kármico

El karma, el ciclo kármico y los registros akáshicos están interconectados con las acciones y los hechos. Como ya sabe, los registros akáshicos contienen la clave de las vidas pasadas y futuras, así que para entenderlos correctamente, tiene que comprender cómo funciona el ciclo kármico basado en los actos de una persona. Este capítulo le dará una visión completa sobre el concepto de karma, la comprensión del ciclo kármico en diferentes religiones, y cómo funciona una lección kármica.

¿Qué es el karma?

El concepto de karma se encuentra principalmente en las escrituras hindúes, el Bhagawat Gita, y en muchas otras religiones, principalmente el budismo, el sijismo y el jainismo. El concepto puede entenderse con frases comunes como "Lo que cosechas, lo siembras" o "Lo que va, viene". En pocas palabras, el karma es la consecuencia directa de sus acciones, ya sean buenas o malas.

Aunque mucha gente utiliza palabras como karma para asustar a la gente por sus fechorías, el concepto de karma no es tan simple. En realidad, el karma no es ni un castigo ni una recompensa; puede ser ambas cosas a la vez como resultado de sus acciones. El karma no solo abarca las acciones, sino también sus pensamientos y sus palabras.

Si le resulta más fácil comprender el karma relacionándolo con una ley de la ciencia (física), recuerde la tercera ley de Newton o la *ley de acción y reacción*. La ley establece que toda acción tendrá una reacción igual y opuesta. El karma es algo así. Sus acciones definirán cómo le tratará la vida a largo plazo.

Por ejemplo, imagine que maltrata a una persona durante mucho tiempo, sin importarle las consecuencias. Después de un tiempo, comenzará a notar que el universo le trata de la misma manera. Lo que pasa con el karma es que usted sabrá cuando le llega. La mayoría de la gente es consciente cuando recibe el karma por cualquier acción buena o mala.

Mucha gente piensa que tal vez el concepto de karma fue introducido para hacer a la gente más consciente de sus acciones y sus comportamientos. Tal vez se suponía que debía mantener a la gente bajo control y hacer que tuvieran miedo de las consecuencias de sus acciones. Cualquiera que sea el caso, si usted es alguien que quiere relacionar sus vidas pasadas, hechos y fechorías con sus registros akáshicos y que está trabajando para mejorar, es importante que entienda de dónde se originó el concepto de karma.

La comprensión del karma en el hinduismo

La palabra "Karma" tiene su origen en la palabra sánscrita "Kri", que significa actuar o reaccionar. El significado literal de karma puede traducirse a grandes rasgos como algo creado o producido por los órganos físicos de la persona. Sin embargo, el karma abarca acciones físicas, pensamientos o acciones mentales. En el hinduismo existe la firme creencia de que los pensamientos tienen el poder de influir en los demás. Por ejemplo, los pensamientos dañinos afectarán negativamente a quien se dirigen y a la persona que los dirige. Este concepto se asoció con los antiguos mantras y su capacidad para afectar a las personas a través de los pensamientos. Por ejemplo, cuando se utilizaba un mantra para maldecir a alguien, ambas personas sufrían como resultado.

El karma en el que incurre una persona a través de sus acciones puede determinar el camino que toma la vida. En el hinduismo, se dice que el karma es un mecanismo de regulación y corrección, y que regulando nuestras acciones podemos conseguir cosas mayores en la vida. Nuestras acciones tienen el poder de mitigar o intensificar nuestro sufrimiento. Por lo tanto, el karma está destinado a enseñarnos lecciones y a regular nuestras acciones. Cuanto antes aprendamos de ellas, antes avanzaremos hacia la perfección, la armonía y la paz.

En las escrituras hindúes, principalmente en el Gita, se encuentran numerosas referencias al karma. Mientras que muchas de estas referencias asocian el deseo como la causa fundamental de nuestro sufrimiento, otras mencionan cómo deshacerse de estas acciones. Hay un capítulo entero en el Bhagawat Gita que trata el tema del karma.

En cuanto a las consecuencias del karma, no hay un marco temporal definido en el que las acciones manifiesten reacciones. En el hinduismo, muchos creen que el karma de vidas anteriores puede incorporarse a una vida presente o futura, y por eso uno debe entender cómo leer su registro akáshico y trabajar para romper el ciclo kármico.

El karma y el ciclo kármico en el budismo

En el budismo, el concepto de karma se denomina Karmaphala. Creen que las acciones o hechos realizados con intención definen el renacimiento o las consecuencias para un individuo. Se dice que las acciones o hechos realizados con ego le mantienen en el ciclo kármico, moviéndose en un bucle. En cambio, el camino budista le muestra la salida.

El concepto budista es algo similar al concepto de karma en el hinduismo. Al igual que el deseo ha sido identificado como la causa del sufrimiento en el hinduismo, también se define como la causa de la gratificación del ego en el budismo.

Cuando un individuo experimenta un momento placentero, la alegría de ese momento sigue alimentando su deseo de experimentar más, lo que da lugar a la necesidad de gratificación del ego de la persona y determina su curso de acción futuro. Por lo tanto, en la comprensión budista, cuanto más ego tenga una persona, más karma habrá en su vida.

El ciclo kármico es un bucle de karma debido a los actos de una persona. El concepto de que el karma determina el destino de un individuo o que los actos pasados, ya sea en esta vida o en el pasado, dan forma al funcionamiento del bucle kármico. El propósito de este ciclo es hacer que alguien se dé cuenta de sus errores o darle una lección de vida.

La ley del karma establece que cada acción, ya sea buena o mala, será registrada por el universo y le será devuelta de una forma u otra. Ahora bien, esto no significa necesariamente que recibirá el karma de vuelta de la misma fuente a la que se lo proporciona. Por ejemplo, ya sea bueno o malo, su comportamiento con una persona no significa esencialmente que se comportará de la misma manera con usted. El ciclo kármico implica que sus deudas tienen que ser pagadas, y tiene que afrontar el karma que ha iniciado a través de sus acciones.

Si una persona no afronta todo su karma en una vida, este se transfiere a la siguiente, y por eso la gente a veces siente que está en un ciclo kármico de una vida anterior. Sin embargo, esto no significa que los ciclos kármicos se limiten a las vidas. Muchos patrones kármicos se repiten en menos de un año.

Diferentes tipos de ciclos kármicos

Los ciclos kármicos suelen durar unos 12 años, divididos en tramos sucesivos en nuestras vidas. Aunque los ciclos kármicos pueden romperse, estos ciclos tienen una forma de transmitir un mensaje o lección de vida a un individuo y no terminan hasta que ese mensaje es aceptado y aprendido. Veamos las diferentes líneas de tiempo kármicas en la vida de un individuo para comprender mejor.

1. Ciclo de la infancia - de los 0 a 12 años

Es la primera etapa de la vida kármica y, en este punto, el alma está completamente desatada y no es consciente de sus actos pasados. Los niños son llamados arcilla húmeda porque pueden ser moldeados en cualquier forma dependiendo de sus situaciones y de las personas a las que están expuestos. Las experiencias y acciones realizadas en esta etapa determinan su futuro camino. Aunque un individuo puede quedar atado a sus vidas pasadas en cualquier etapa, es más susceptible durante esta etapa temprana porque las huellas de su vida pasada son excepcionalmente fuertes.

2. **Ciclo de la Juventud - de los 13 a 24 años**

La etapa más crítica en el ciclo kármico es el ciclo de la juventud, en el que un individuo se adentra en su vida y toma decisiones conscientes. Es el momento en el que los individuos empiezan a buscar el razonamiento y el sentido de sus vidas, a la vez que abordan los problemas del mundo real, como la educación y las decisiones profesionales. Al final de este ciclo, el individuo se convierte en adulto, que es cuando realmente comienza a conectar con su yo del pasado. Aquí, las personas tienen que enfrentarse a muchos problemas y deudas de sus vidas anteriores. Por ejemplo, si un individuo suele ser fuerte emocionalmente, es cuando sentirá que la duda ensombrece sus pensamientos.

3. **Creación adulta - de los 25 a 36 años**

Tan pronto como un individuo entra en la edad adulta, es decir, a los 25 años, se forman sus patrones kármicos. En este punto, el karma está todo establecido debido a sus acciones, pensamientos y comportamientos. Aquí, la deuda de vidas pasadas también entra en juego y se manifiesta en la vida del individuo. Cualquier desafío mental, emocional y de salud física se manifestará en su vida en este punto. Si estas deudas kármicas son negativas, no será fácil deshacerse de ellas, mientras que cualquier deuda positiva dará lugar a una mejor suerte y a elecciones de vida exitosas.

4. **Expansión adulta - de los 37 a los 48 años**

En esta etapa, los patrones kármicos alcanzan su máxima intensidad. Las pruebas de vida kármicas son extremadamente complejas en este punto, empujando a la persona a entender las lecciones de vida que se le lanzan debido a la incapacidad del individuo para entender o comprender los patrones kármicos, o se resiste a las lecciones kármicas.

Por lo tanto, si una persona logra captar y comprender los patrones kármicos antes de la etapa de expansión adulta, surgirán cuestiones más profundas y patrones kármicos. De lo contrario, un individuo se enfrentará al mismo patrón kármico una y otra vez. La naturaleza repetitiva de estas lecciones y situaciones solo las hará más agonizantes para el individuo.

5. **Contracción adulta - de los 49 a los 60 años**

Esta etapa es la más débil para los patrones kármicos porque la fuerza kármica declina. El individuo ha afrontado y aceptado la lección kármica o la ha retrasado hasta la siguiente vida. Sin embargo, si el individuo todavía siente que puede saldar las deudas anteriores, este es el mejor momento para asegurarse de no tener problemas en su próxima vida. Aunque los patrones kármicos son débiles en este punto, no se desvanecen del todo.

Señales que está recibiendo una lección kármica

Las lecciones kármicas son situaciones o patrones que intentan transmitir un mensaje específico a un individuo. Estas lecciones suelen ser repetitivas y no dejan de surgir hasta que aprendemos algo de ellas. Aunque cada lección kármica es única, los temas más comunes surgen en las relaciones. Estos temas incluyen su autoestima, su capacidad de amar, su forma de relacionarse consigo mismo y su capacidad de seguir adelante. Para aprender de una lección kármica, primero tiene que identificarla, así que busque las siguientes señales en su vida.

1. **Se encuentra en situaciones que hacen surgir el mismo tema**

Las lecciones kármicas surgen en patrones repetitivos que desencadenan las mismas emociones y consecuencias de un individuo. Uno de los signos más evidentes de una lección kármica es que sigue terminando en situaciones similares con el mismo tema y las mismas montañas rusas emocionales. Esta repetitividad, o más bien estancamiento, es la forma que tiene el universo de comunicarle que hay una lección en la que tiene que centrarse para que pueda avanzar, para que deje de actuar de la forma que inevitablemente le lleva a chocar con un determinado tema.

2. **Sus relaciones tienen patrones repetidos**

Si siente que todas sus relaciones, platónicas o románticas, tienen patrones similares y banderas rojas, suele ser una señal del universo para que aprenda una lección. Las circunstancias, donde los patrones repetidos resultan en banderas rojas similares, transmiten una lección de vida para que reconozca y aprenda de ella.

3. **Se enfrenta constantemente a sus miedos**

Se dice que las lecciones kármicas atraen relaciones y circunstancias que le hacen enfrentarse a sus peores miedos. Podrían ser problemas de compromiso, soledad, expresar sus sentimientos, etc. Cuando se enfrenta a estos desafíos, debe asumir una lección que debe aprender.

4. **Se siente hipercrítico**

Si está evitando constantemente una lección kármica, podría dar lugar a que se sienta hipercrítico con todo lo que le rodea, ya sean sus elecciones, hábitos o creencias. Por lo tanto, es altamente esencial integrar las lecciones de vida que los ciclos kármicos traen.

Cómo romper un ciclo kármico

Un ciclo kármico pretende transmitir una lección de vida, comprendiendo sus actos pasados y las consecuencias de los mismos. Cuando quiera romper un ciclo kármico y volver a encarrilar su vida, deberá seguir un proceso espiritual minucioso, y varios enfoques pueden lograrlo. El primer y principal paso es reconocer la lección que le transmite el universo. Después, necesita aprender de sus lecciones. Finalmente, necesita actuar sobre su aprendizaje a través de cualquiera de los siguientes enfoques.

5. **Hacer buenas acciones**

Para intentar romper el ciclo, debe hacer buenas acciones. Según la ley de la compensación, o incluso el simple concepto del karma, es necesario dar para recibir. Así que, si quiere que su vida vaya bien, sin muchos baches en el camino, asegúrese de tener suficientes buenas acciones para ganar buen karma.

Cada pequeña cosa cuenta, porque no sabe lo que un solo buen gesto puede cambiar para otra persona. Ya sea dando comida a alguien o donando ropa vieja, cada buena acción aumenta sus posibilidades de romper un ciclo kármico malo, ya sea de esta vida o de las anteriores.

6. **Permanecer en las circunstancias actuales**

Este enfoque es la mejor manera de acabar con un mal ciclo kármico y enderezar su vida para las personas que no quieren seguir el proceso espiritual. Permaneciendo en las circunstancias presentes, haciendo lo que pueda y centrándose en sus acciones y actos presentes, anulará el ciclo kármico que está perturbando su vida.

Cuando sea consciente de sus acciones y su comportamiento, verá un cambio automático en su conducta y observará que su vida se encamina hacia el camino correcto. Para conseguirlo, practique la atención plena efectiva y sea consciente de cada acción y cada decisión que tome.

7. Seguir haciendo lo correcto

Como bien sabe, el karma puede estar conectado a vidas anteriores, y los ciclos kármicos son bastante difíciles de salir sin entender primero el concepto de las vidas múltiples. Cuando haya comprendido este concepto, es importante que siga haciendo lo correcto, las buenas acciones y los actos a lo largo de varias vidas. Después de un tiempo, aunque de forma gradual, sin duda verá una diferencia en su vida, y se logrará el equilibrio kármico.

8. Cambiar de perspectiva

Si está familiarizado con la ley de la atracción y cómo se atrae aquello en lo que se enfoca, puede entender cómo romper un ciclo kármico cambiando su perspectiva. Cuando tenga control sobre sus pensamientos, disipará la negatividad de un ciclo kármico malo y atraerá experiencias y personas positivas. Por ejemplo, a veces, cuando siente que no es lo suficientemente bueno o que no puede completar una tarea en particular, necesita cambiar sus pensamientos y mantenerse firme.

9. Centrarse en las elecciones

Las elecciones tienen un tremendo poder para cambiar su vida, para bien o para mal. Muchos líderes espirituales piensan que si da un paso atrás y reconsidera sus elecciones, su vida podría ir mucho más tranquila. Cuando tome una decisión, hágase estas dos preguntas:

- ¿Cuáles serán las consecuencias después de elegir esta opción?
- ¿Aportará la elección positividad y felicidad a mí y a los que me rodean?

Si tiene respuestas convincentes a estas preguntas, y le acercan a ser una mejor persona, entonces siga adelante y tome esa decisión. Si no es así, deténgase y reconsidere su elección una vez más.

10. Minimizar el mal karma

El mal karma es una consecuencia directa de su mal comportamiento y de sus acciones hacia otras personas. Como dice la regla del karma, no importa si la gente le maldijo o no. Sus acciones tienen una reacción igual. Así que, si quiere romper su ciclo kármico, debe minimizar el mal karma. Puede hacerlo pidiendo disculpas a las personas a las que ha herido y con las que se ha comportado mal. Además, contrarreste sus malos actos con los buenos, y prometa no repetirlos.

11. Reflexionar

La reflexión no es un enfoque por sí solo, sino que es un enfoque complementario al resto. Después de haber aprendido una lección y de haber actuado en base a sus conocimientos para cambiar su situación actual, es crucial mirar atrás y reflexionar. Esto ayudará a consolidar la lección, pero lo más importante es que le ayudará a comprender en qué se equivocó y por qué se equivocó en primer lugar. La mayoría de las veces, descubrirá que sus lecciones kármicas comparten ciertas características.

Cuando reflexione, recuerde que debe hacerlo con delicadeza y sin juzgar. Todos cometemos errores y aprendemos de ellos. Los errores no hablan de su *valor,* sino de sus heridas y su sabiduría.

Cómo integrar una lección kármica

Necesita integrar las lecciones que aprendió de un ciclo kármico en su vida para asegurarse de que no se repita de nuevo.

1. Ponerse en contacto con sus valores

A veces, tendemos a desentonar con nuestros valores. Ya sea para encajar o para "relajarse un poco", los problemas parecen surgir sobre todo cuando no estamos viviendo nuestra verdad. Nuestros valores son increíblemente importantes porque nos permiten crecer y evolucionar. Son un aspecto necesario a la hora de crear nuestros futuros deseados.

2. **Necesita vivir su vida para sí mismo**

A menudo olvidamos que debemos vivir la vida para nosotros mismos. Tendemos a perder todo nuestro tiempo tratando de complacer a los demás o preocupándonos por lo que piensan de nosotros. Sin embargo, se nos olvida que nadie nos conoce como nosotros mismos. También es la única persona que realmente sabe lo que es mejor para usted en el camino de su vida. Así que, en lugar de preocuparse demasiado por los demás, necesita considerar la posibilidad de trabajar en la búsqueda de su propia felicidad. También necesita dedicar tiempo a apreciar todas las cosas buenas de su vida.

3. **Trabajar en la autocompasión**

El amor propio y la compasión están entre las cualidades más importantes de la vida, si no las más importantes. La forma en que nos tratamos y nos sentimos con nosotros mismos marca el tono de todas nuestras interacciones. También afecta a nuestra tendencia a aprender de nuestros errores pasados. Necesitamos compasión y tolerancia para poder superar las experiencias desagradables y trabajar para convertirnos en una mejor versión de nosotros mismos. Esto nunca será posible si nos sentimos resentidos o arrepentidos. El amor propio y la compasión alimentan la autoconfianza. La autoconfianza alimenta nuestra fe y, por tanto, nos hace más fuertes. Cuando somos lo suficientemente fuertes, podemos seguir adelante y aceptar nuestro ritmo de aprendizaje. Tampoco nos conformamos con las cosas que antes permitíamos.

4. **Afinar la intuición y mejorar la independencia**

Depender de los demás puede hacer tambalear nuestra moral y nuestra verdad. Es posible que termine dejando atrás todo lo que defiende solo para mantener a los demás en su vida. Trabajar en la autosuficiencia y la independencia puede ayudarle a mantenerse fiel a sí mismo. También puede meditar y practicar la apertura del chakra del tercer ojo para afinar su intuición. Nuestros sentimientos viscerales son vitales cuando se trata de alinearnos con nuestra verdad. Todas estas son cosas que le ayudarán a enfrentarse a sus lecciones kármicas para que pueda romper completamente el ciclo y asegurarse de que nunca se repita.

5. **No dudar del viaje**

Los ciclos kármicos pueden ser perturbadores y pueden causar mucho dolor. Sin embargo, esta es la única manera en que puede realmente dejar ir los hábitos dañinos y las cosas que no le sirven en la vida para que pueda hacer espacio para cosas mejores. Estas lecciones no son un paseo por el parque, por lo que la única forma de superarlas es confiando en que son las que necesitamos aprender. Confíe en el proceso y asegúrese de que su vida se desarrolla exactamente como debería. Cuanto antes rompa el ciclo, menos dolor tendrá que soportar en su vida.

Los registros akáshicos y su conexión con las vidas pasadas

Los registros akáshicos pueden ayudar a las personas a conectarse con sus vidas pasadas y presentes y a trabajar con cada trauma uno por uno. Al igual que el karma de vidas pasadas nos afecta en la siguiente vida, también llevamos los traumas de vidas pasadas a la siguiente vida. Esto puede dar lugar a sentimientos de tristeza inexplicables, problemas que surgen constantemente y un bagaje emocional que no puede conectar con su vida actual.

Los registros akáshicos están suspendidos en un medio universal o campo de energía que nos rodea a todos y compenetran nuestras almas. Detrás de la realidad física que podemos ver con nuestros ojos existe una realidad espiritual que vibra constantemente. Si intenta sanar sus traumas quedándose en el ámbito físico y asumiendo el papel de víctima, nunca avanzará. En cambio, necesita mirar más allá del reino físico hacia el universo espiritual y abrazarse a sí mismo.

Necesita deshacerse completamente de los sentimientos de duda, victimismo, odio a sí mismo, culpar a otros y resentimiento cuando trabaje con los registros akáshicos. Después de esto, necesita llegar a su visión interior y mirar sus problemas desde una perspectiva diferente.

Por ejemplo, imagine que se enfrenta a una crisis financiera, y además urgente. Ahora bien, tratar sus problemas a través de los registros akáshicos no significa en absoluto que deba negar la importancia de sus problemas de la vida real. Por el contrario, lo que hace es ayudarle a identificar las causas subyacentes de sus problemas, para que pueda trabajar activamente para solucionarlos. Cuando examina la realidad espiritual o la metavisión de este problema financiero, descubrirá las posibles razones por las que podría estar enfrentándose a este problema. Podría ser un efecto consciente o subconsciente de su vida actual o pasada. En este caso, es posible que tenga un trauma de una vida pasada en la que el dinero le causó problemas, por lo que juró no volver a tener demasiado dinero.

Una vez que haya identificado la causa o la posible causa de sus problemas, siga adelante y trabaje para romper ese ciclo kármico. En última instancia, es más fuerte que sus problemas y puede resolver cualquier cosa que se le presente. Con la ayuda de los registros akáshicos, será más fácil identificar sus dilemas y trabajar en ellos desde una perspectiva espiritual.

Capítulo 4: Elevar su vibración

Como puede deducirse de lo expuesto hasta ahora, los registros akáshicos tienen el potencial de desempeñar un papel importante y fundamental en nuestras vidas si podemos comprender cómo aprovechar esta información adecuadamente. Para aprovechar al máximo este recurso inestimable, es necesario saber cómo acceder a los registros y convertir la información disponible en percepciones significativas y útiles para uno mismo.

Aunque no hay nada malo en hacer esto bajo la supervisión de un guía oficial o de cualquier otra persona que tenga experiencia en este campo, esto es algo que puede hacer por completo por su cuenta. Muchas personas con certificaciones adecuadas para la enseñanza de las prácticas akáshicas no son discípulos de ningún maestro o guía. En cambio, se han adentrado en el campo de los registros akáshicos por interés, y a través de la prueba y el error y de mucha práctica, llegan a la etapa en la que pueden ayudar a otras personas. Muchas personas confían en guías y maestros para que accedan a los registros en su nombre. Sin embargo, esto no es un paso necesario, y se recomienda que intente hacerlo por su cuenta.

Cuando acceda a los registros akáshicos, debe tener en cuenta que está tratando con energía y vibraciones. No se trata de un gabinete o archivo de información en el que puede simplemente saltar a la página que desea leer y encontrar lo que está buscando. Los registros akáshicos son sensibles a quién accede a ellos, cómo se accede a ellos y cuándo se accede a ellos. Es esencial que comprenda que los registros akáshicos son un almacén de información y no una base de datos. Es información sobre toda la existencia y no un libro de datos del universo.

Además, alguien no puede utilizar los registros akáshicos simplemente para saber cuánto dinero ganará, a qué edad morirá o quién será su cónyuge. Piense en los registros de manera similar a hablar con un amigo extremadamente sabio que tiene todas las soluciones a sus problemas. La información que este amigo sabio le dé variará según las circunstancias y variará en función de lo que usted necesite en ese momento concreto.

Por ejemplo, una de las cosas más comunes que la gente busca en los registros es orientación para tomar decisiones importantes en su vida. Digamos que está buscando un trabajo y accede a los registros akáshicos diariamente para obtener orientación. Además, supongamos que la búsqueda de empleo le lleva dos meses, y durante este tiempo, accede a los registros todos los días para que le guíen sobre lo que debe hacer para alcanzar el trabajo que desea.

Durante la búsqueda de empleo, puede hacer cambios en su CV, cambiar su forma de vestir, su manera de hablar con la gente, el tipo de empleos que solicita, el salario, y toda una lista de variables que cambia constantemente para satisfacer los requisitos del empleador. También saca provecho de la experiencia de las entrevistas de trabajo. Es posible que el registro akáshico le diga algo diferente cada día durante este proceso. A veces puede ser solo ligeramente diferente de lo que hace actualmente. En otros casos, podría ser todo lo contrario porque, como el que pregunta, usted también está cambiando. No es un ser estático y, por lo tanto, la respuesta a su pregunta también cambia constantemente. Además, el mundo que le rodea, el mundo cuyo registro akáshico guarda, también está cambiando. Los registros akáshicos tienen esto en cuenta a la hora de crear una respuesta a su pregunta.

De este modo, entran en juego diversas variables, muchas de las cuales no se pueden controlar. Este ejemplo ilustra que la persona que hace la pregunta también influye significativamente en las respuestas recibidas. Supongamos que usted hace las preguntas por su cuenta. En ese caso, los registros akáshicos se dirigen directamente a usted. Ellos formulan una respuesta que será la mejor para comprender, teniendo en cuenta su personalidad, sus percepciones y su mentalidad. Si tiene a alguien que hace las preguntas en su nombre, la respuesta se basará en lo que el guía necesita para comprender y luego transmitir la información a usted. Por lo tanto, los registros akáshicos le darán al guía una respuesta en el formato que los registros akáshicos querían transmitirle.

Así pues, puede ver que acceder a los registros akáshicos por su cuenta es la mejor manera de hacerlo. Y lo que es más importante, es una poderosa habilidad que le ayudará en muchas otras áreas de la vida con otras ventajas además de conectarle con los registros akáshicos. Para acceder y comprender los registros akáshicos, veremos cómo puede alterar su cuerpo y su mente para cambiar su energía vibratoria. Como se ha comentado anteriormente, los registros akáshicos existen en un reino con una energía vibratoria mucho más alta que la dimensión física en la que existimos. Para alcanzar este estado superior, necesitamos alterar nuestro estado vibracional.

¿Qué es la energía vibracional?

Ya sea vivo o no, todo en el universo puede crear energía y existir en un cierto nivel de energía vibracional. Incluso las cosas que no son visibles o tangibles, como los agujeros negros, también emiten energía, y también tienen una vibración única. Esencialmente, todas las cosas tienen una vibración que es el ritmo de su existencia. Podemos ver algunos ejemplos de ritmos que ocurren naturalmente dentro de nuestros cuerpos, como la forma en que respiramos, el ritmo cardíaco y el ritmo circadiano. Los estudios científicos modernos también han llegado a la conclusión de que el ritmo en nuestros cuerpos y las ondas eléctricas y magnéticas producidas por nuestros cuerpos tienen un impacto en el cuerpo del que se emite y en las cosas *cercanas al cuerpo*.

La energía y la vibración de cada individuo tienen un impacto en la población global e incluso en el universo en general. Aunque esto pueda parecer un enfoque filosófico o metafísico, hay mucha ciencia que respalda estas afirmaciones. Investigaciones científicas recientes han determinado que incluso las moléculas de nuestras células se mueven y crean una vibración en el cuerpo. Aunque estas vibraciones son microscópicas e incluso difíciles de detectar con microscopios muy potentes, su impacto en nuestro cuerpo y en nuestra vida puede ser muy significativo. Las ondas electromagnéticas que crea esta vibración de las células afectan al funcionamiento del cuerpo. Si las células de un órgano vibran a una frecuencia diferente, esto influye directamente en el rendimiento físico de ese órgano e incluso influye en nuestro estado mental. La vibración es el resultado de varios factores diferentes. Por ejemplo, la temperatura ambiente en la que nos encontramos puede influir en la frecuencia de vibración de las moléculas de nuestro cuerpo. Del mismo modo, incluso nuestra mente, nuestro estado de ánimo y las personas con las que estamos influyen en la tasa de vibración.

La mente y la vibración

Se han realizado innumerables estudios sobre los detalles de cómo nuestro estado mental, nuestro estado de ánimo e incluso nuestros pensamientos influyen en el cuerpo. Uno de los estudios más importantes analizó el impacto del consumo de medios de comunicación en nuestro estado mental y el efecto en el cuerpo. Se mostró a dos grupos de niños pequeños dos películas distintas. Una película era muy feliz y positiva, y la otra era una historia oscura, de miedo y triste. En ambos grupos se analizó el nivel de anticuerpos en la saliva antes y después de las películas. Como es de imaginar, los expuestos a los medios positivos mostraron un aumento de anticuerpos después de la película. Los que vieron la película triste y de miedo mostraron una reducción drástica del nivel de anticuerpos. Esta reacción es algo que usted también puede haber notado en la vida. Cuando se siente decaído y triste, tiende a enfermar más fácilmente, ya sea un ligero dolor de garganta o una gripe o un simple resfriado. Cuando se siente positivo consigo mismo, no tiene tantos problemas físicos. Incluso si se encuentra con un problema como una lesión, no se siente tan mal, y a menudo se recupera mucho más rápido y mejor.

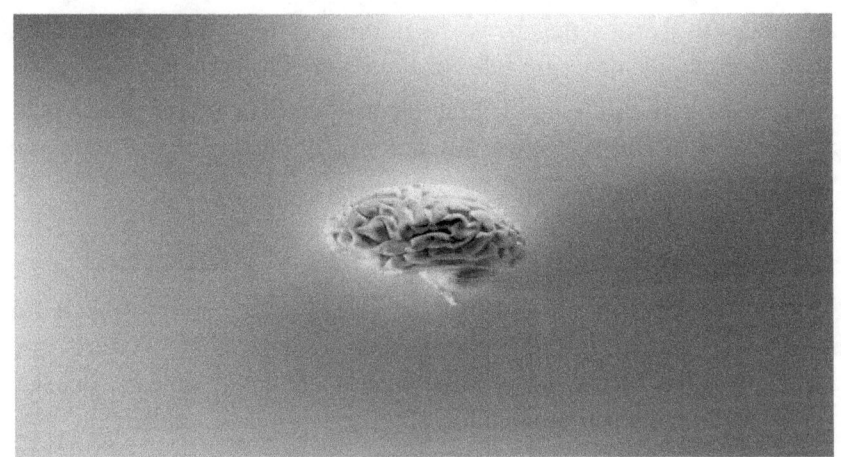

Del mismo modo, habrá notado que su ritmo cardíaco aumenta cuando está estresado o ansioso. Este aumento de la frecuencia cardíaca se debe a que el cuerpo excreta la hormona del estrés, que tiene un impacto directo en el sistema cardiovascular. Además, ciertos sonidos y música también pueden influir significativamente en los sentimientos y pensamientos que experimentamos. Habrá notado que los efectos sonoros de una película o un vídeo determinan en gran medida la sensación general de la escena. Si viera la misma escena sin la música, apenas sería tan emotiva como lo es con la música.

La energía vibracional y el cuerpo

Cada vez hay más información que sugiere que nuestra mente y nuestro cuerpo están interconectados y son interdependientes, pero la energía que creamos en estas situaciones afecta a nuestro ser en general. Por ejemplo, si se encuentra en un estado mental positivo y su nivel de vibración es alto, notará que físicamente se siente diferente. Se siente más positivo, más capaz, más fuerte, y que tiene más poder con el que puede atacar la vida. Por el contrario, una mala condición mental a menudo le dejará sintiéndose débil y lisiado, y aunque esté comiendo bien y durmiendo bien, se sentirá aletargado, como si hubiera una extraña carga sobre usted.

Los expertos en energía vibracional creen que la energía positiva se crea cuando sentimos emociones positivas, como la felicidad, el amor, una fuerte conexión social y una sensación de logro o realización. Esta energía positiva vibra a un ritmo más alto. Por otro lado, las emociones negativas de miedo, estrés, ansiedad y otras, crean energía negativa que ralentiza nuestra vibración.

Ya sean generadas por ondas electromagnéticas, luz o sonidos, las vibraciones de todo tipo pueden promover la buena salud del cuerpo y la mente.

Cómo mejorar la energía vibracional

Por suerte, tenemos el control de varias cosas que influyen en nuestra energía vibratoria. He aquí algunos ejercicios y técnicas que puede adoptar para tener un mayor control de su energía vibracional y canalizarla hacia los objetivos que desea alcanzar.

Hacer yoga

El yoga puede ayudarle a elevar su energía vibracional porque sus posturas le permiten buscar más profundamente en su mente, alma y cuerpo, liberando la energía estancada e indeseable. Además, mover su cuerpo en un flujo de yoga permite que su energía vibre. Así que, por ejemplo, si se siente deprimido, una clase de vinyasa puede ser muy estimulante. Una postura del niño u otra postura yin pueden ayudarle a reiniciar el sistema de su cuerpo, elevando su espíritu.

Remediar los chakras

El siguiente capítulo cubre los siete chakras principales, los centros de energía espiritual del cuerpo, en mayor profundidad. Son muy importantes porque es en ellos donde debe centrarse su atención cuando se trata de elevar sus vibraciones generales. Es necesario limpiar cualquier bloqueo en sus chakras y asegurar el libre flujo de energía. Afortunadamente, hay numerosas formas de practicar reiki, usar cristales y aceites, y recitar afirmaciones positivas que pueden ayudar a desbloquear sus centros de energía.

Dar largos paseos por la naturaleza

No hay mejor manera de elevar su frecuencia vibratoria que sumergirse en las vastas tierras de la naturaleza. Su energía vibrará a medida que mueva su cuerpo y disfrute de todos los beneficios que ofrecen el aire fresco y la luz del sol. Abandone su teléfono por un día y conecte con el mundo que le rodea. Escuche el piar de los pájaros, concéntrese en cómo la suave brisa toca su piel y observe cómo la luz del sol cae sobre los árboles que le rodean. Si es posible, quítese los zapatos y sienta el suelo, la hierba o la arena con los pies. Quédese el tiempo que su corazón y su alma deseen. Sentirá el cambio de energía en su interior.

Probar un baño de sonido

Los baños de sonido incorporan ciertos sonidos y frecuencias que estimulan un cambio en el estado de nuestras ondas cerebrales. Esto nos hace más receptivos y nos ayuda a sentirnos más relajados. Si no tiene una clase especializada en su zona, puede buscar grabaciones de baños de sonido en línea para elevar su energía vibratoria.

Decir que no

Entre hacer recados para su amigo, ayudar a su compañero de trabajo en sus tareas y ocuparse de sus tareas domésticas, acaba sintiéndose extremadamente cansado y agotado. Si esto le suena a usted, lo más probable es que desatienda constantemente sus propias necesidades mientras lo da todo a los demás. Ignorar sus deseos y necesidades personales puede disminuir sus vibraciones positivas. Aunque parezca más fácil decirlo que hacerlo, necesita practicar el decir no a lo que realmente no quiere hacer. Una vez que le haya agarrado el truco, sentirá que su estado de ánimo se aligera y que se quita un peso de encima.

Solo pensamientos positivos

Nuestros pensamientos influyen directamente en nuestras emociones. Por el contrario, nuestra mente tiende a hacer que los acontecimientos y las situaciones parezcan más estresantes y negativos de lo que realmente son. Así que, la próxima vez que se sienta ansioso o abrumado, tómese un momento para reflexionar sobre si realmente merece la pena preocuparse por la situación. También debe eliminar los pensamientos negativos y ver el aspecto positivo de las cosas.

Meditación

En pocas palabras, la meditación es el proceso mediante el cual centra su mente en un pensamiento concreto y despeje su mente de todos los pensamientos y preocupaciones innecesarios durante un periodo determinado. Cada persona aborda este problema de forma diferente. Algunas personas prefieren cantar palabras o frases, y a otras les gusta escuchar música, mientras que otras prefieren sentarse en completo silencio. Por lo general, no hay una postura definida en la que tenga que estar para meditar, pero el objetivo es estar completamente relajado y en una posición que pueda mantener durante un periodo prolongado. No es necesario comenzar con largas sesiones de meditación. Incluso meditar durante cinco minutos es un buen comienzo, ya que son cinco minutos de meditación de calidad.

El enfoque más básico y posiblemente más eficaz de la meditación es simplemente centrarse en la respiración. Solo necesita pensar en cómo está respirando, prestar atención a cada inhalación y exhalación, y tratar de no dejar que sus pensamientos se desvíen de este único proceso interno que está ocurriendo. La meditación se ha utilizado durante miles de años, y se ha demostrado que tiene un impacto explícito en la condición mental y física del practicante.

Es particularmente importante cuando se aumenta el nivel de vibración, porque al controlar la mente y los pensamientos, se puede controlar la energía en el cuerpo y, posteriormente, las fuerzas vibratorias creadas.

A medida que se desarrolla la capacidad de sentarse durante sesiones de meditación más largas, se puede cambiar el enfoque para traer positividad a la vida. Algunas personas lo hacen centrándose en pensamientos positivos, como una imagen mental de algo que consideren positivo o simplemente eliminando los pensamientos negativos. Mientras medita, diferentes pensamientos cruzarán su mente. El objetivo es desarrollar el suficiente control para no aferrarse a ningún pensamiento, sino dejarlo pasar. Una vez que lo consiga, podrá pasar a concentrar su energía en un pensamiento concreto.

Gratitud

Algunas personas consideran que ser agradecido es una forma de meditación activa. Es algo que no hace falta sentarse para hacerlo. En lugar de eso, hágalo en su mente a lo largo del día simplemente permaneciendo atento a las cosas buenas que están sucediendo en su vida. Y lo que es más importante, no tiene que esperar a que se produzca un escenario positivo para estar agradecido por él o para estar agradecido por la vida que tiene. Hay muchas situaciones en las que pensamos que lo que está sucediendo está mal o será perjudicial, pero a la larga, eso mismo resulta ser una experiencia muy positiva y beneficiosa para nosotros.

Una estrategia poderosa que puede utilizar es hacer una lista de cosas por las que está agradecido cada día. Puede hacerlo al levantarse, más tarde, cuando tenga tiempo, o como última cosa al acostarse. Hacer una lista le ayuda a centrarse en todas las cosas por las que está agradecido de forma consciente, y también le obliga a pensar en cosas por las que quizá no se dé cuenta de que está agradecido. De este modo, también se controla a sí mismo, sus pensamientos, y puede agilizar sus procesos mentales. También le ayuda a tener cierto control sobre sus pensamientos. A veces estamos tan preocupados por la vida que nos olvidamos de las cosas por las que estamos agradecidos y, en algunos casos, nuestros pensamientos se descontrolan. También perdemos el control de nuestra energía y nuestras vibraciones con estos pensamientos. Como el objetivo es alcanzar un mayor nivel de vibración, tener el control de sus pensamientos le ayudará a mantenerse en el camino correcto para alcanzar un nivel vibratorio más alto.

Generosidad

Se ha demostrado que ser generoso, compartir, donar e incluso ser generoso con uno mismo tiene una amplia gama de efectos positivos en las personas. Ya sea a nivel físico o mental, casi todo el mundo ha experimentado la satisfacción de ser generoso. Se tiene una sensación única cuando se es genuinamente generoso, y se hace por puro amor a la otra persona. Ser generoso no significa solo dar a los necesitados o contribuir a algún proyecto filantrópico, sino que incluso gastar en las personas que quiere es una forma de generosidad. Además, puede compartir mucho más que su dinero. El tiempo que dedica a la gente, la honestidad con la que da, las ideas y los sentimientos genuinos que comparte forman parte de ser una persona generosa y abierta con la gente que le rodea. En muchos casos, ser generoso con los más cercanos es más gratificante que ayudar a los extraños.

Dieta y estilo de vida

La dieta que consume y el estilo de vida que lleva tienen dos efectos. El principal efecto es que repercute directamente en el estado del cuerpo y de la mente. Comer alimentos saludables con antioxidantes, vitaminas y minerales con otros nutrientes vitales que nuestro cuerpo necesita es clave para ayudar al cuerpo a rendir. Hacer ejercicio y mantenerse en forma también ayuda al cuerpo a mejorar significativamente su rendimiento y a mantenerse en un estado mental más positivo.

Otra de las principales ventajas de comer de forma saludable es que influye en la forma en que pensamos en nosotros mismos como individuos. Mantenerse sano, comer bien y hacer ejercicio son retos personales para casi todas las personas del planeta. Cuando se hace algo que implica un desarrollo personal, y es un reto, es increíblemente satisfactorio y mentalmente estimulante, y nos beneficia a nivel físico y espiritual. Hay un enorme subidón de endorfinas con todos los beneficios para la salud, y tiene un gran impacto en nuestra psicología y en lo que pensamos de nosotros mismos como personas.

En general, los efectos son muy positivos y nos ayudan a combatir la energía negativa y a impulsar la producción de energía positiva. A cambio, alcanzamos un mejor nivel vibratorio y nos acercamos mucho más a nuestro objetivo de acceder a los registros akáshicos.

Cuando se sienta a meditar y enfoca su atención en acceder a los registros akáshicos, se sentará en un espacio que incrementa su energía vibratoria para que pueda conectarse con ese poder de nivel superior. Cuando su nivel vibratorio base ya es alto, se hace mucho más fácil acceder a un nivel de energía vibratoria más alto. Si hace un poco de todas estas cosas de forma regular, habrá logrado ganancias marginales en muchas áreas que contribuyen significativamente a aumentar la energía vibratoria general. Y lo que es más importante, habrá entrenado a su cuerpo y a su mente para operar en el nivel vibracional más alto y también habrá desarrollado un mejor control para cambiar su vibración y su energía.

Honestidad

Ser honesto con uno mismo es una de las formas más radicales de elevar la energía vibratoria. Aunque todos preferiríamos considerarnos evolucionados, maduros, sanos, iluminados, etc., la honestidad significa aceptar los propios defectos. También significa admitir las duras verdades sobre uno mismo, las relaciones, los objetivos vitales, las creencias y las acciones. Al desterrar las mentiras, deshacerse de la negación y encontrarse a sí mismo donde está y no donde espera estar, puede comenzar a amarse a sí mismo por lo que es, al tiempo que realiza los cambios que desea por amor propio.

Y lo que es más importante, le resultará mucho más fácil descubrir el camino que mejor se alinea con usted cuando esté totalmente en sintonía con quien es.

Tenga en cuenta que, aunque es muy eficaz para elevar la energía vibratoria, la honestidad es un proceso muy complejo y agotador. Requiere un toque suave, pero firme, no obstante. También requiere perseverancia y una profunda comprensión, especialmente cuando el perdón es necesario. Mientras se arraigue en la naturaleza infinita del amor, ningún obstáculo se interpondrá en su camino.

Capítulo 5: Chakras 101

La energía puede ser difícil de entender. Fluye a través de nosotros en un bucle infinito, y se necesita mucho trabajo para mantener el equilibrio. Nuestros chakras forman parte del sistema energético, pero también afectan a nuestro estado emocional y a cómo reaccionamos ante el mundo que nos rodea. Este capítulo habla de qué son los puntos de los chakras, por qué son importantes para el crecimiento espiritual y cómo puede utilizarlos en su vida.

¿Por qué son importantes los chakras?

Cuando hablamos de los chakras, es importante recordar que forman parte de un sistema energético más amplio. Los siete puntos principales de los chakras (el siete es un número muy espiritual) emiten y reciben diferentes energías de otros cuerpos físicos y metafísicos. Trabajando con estos puntos regularmente, puede limpiar la energía negativa o los bloqueos y mantenerse en un buen estado de ánimo.

Los chakras pueden dividirse en tres secciones: los chakras inferior, medio y superior. Cada uno de ellos controla determinados aspectos de nuestra vida y la forma en que interactuamos con quienes nos rodean (incluso con los que no están físicamente presentes). Al trabajar con cada área regularmente, le impulsará hacia estados de conciencia más elevados.

Puede parecer mucho trabajar con tantos puntos, pero la verdad es que solo trabajará con uno o dos en un momento dado. La mayoría de las personas tienen siete puntos de chakra. Aunque algunos son tan inactivos que apenas sirven para muchos propósitos de crecimiento espiritual.

La historia de los chakras

El sistema de chakras existe desde hace mucho tiempo. Algunas personas creen que se remonta a las antiguas enseñanzas de la India, pero ahora sabemos que los siete puntos principales tienen sus raíces en los Vedas, que se remontan a la época del 1000 a. C. La palabra "chakra" significa "rueda" en sánscrito, y los siete puntos principales suelen representarse como orbes giratorios de energía que emiten diferentes colores.

Cada chakra tiene una frecuencia y una vibración únicas. Cuando están en equilibrio, funcionamos con todo nuestro potencial. Sin embargo, cuando uno o más puntos del chakra se bloquean, pueden causar todo tipo de problemas en nuestras vidas. Pueden surgir problemas de salud física, inestabilidad emocional e incluso estancamiento espiritual.

Flujo de energía

El flujo de energía a través de los puntos de los chakras es una parte importante de nuestra existencia. Si no tenemos suficiente energía fluyendo de una zona a otra, habrá problemas importantes en el día a día e incluso en el crecimiento espiritual.

La forma más fácil de pensar en el flujo de energía es como un círculo. Cada punto de chakra tiene su propia energía que nos afecta de manera diferente, dependiendo de lo que le "diga" a nuestro cuerpo y mente.

El flujo de energía a través de cada punto de chakra funciona en un orden específico. Por eso es crucial mantenerlos equilibrados y abiertos y por eso el bloqueo de uno tiene efectos tan adversos en nuestro estado emocional.

Cada chakra está asociado con varias cosas, incluyendo nuestra salud física y emocional, el crecimiento espiritual y la forma en que interactuamos con el mundo que nos rodea. Entraremos en más detalles sobre cada uno en un momento, pero por ahora, es importante entender que estos puntos son vitalmente imperativos para nuestro bienestar general.

Cada chakra también tiene un número, un color y una posición particular en la columna vertebral.

1. El chakra de la raíz

El chakra de la raíz se encuentra en la base de la columna vertebral y es responsable de nuestra sensación de conexión a tierra y al mundo físico. Este chakra tiene que ver con la supervivencia y con mantenernos a salvo. Cuando está en equilibrio, nos sentimos seguros, protegidos y estables. Somos capaces de manejar mejor el estrés y no nos agobiamos tan fácilmente.

Ubicación: La base de la columna vertebral

Color: Rojo

Representa: Estabilidad y supervivencia

Un chakra bloqueado en esta zona puede manifestarse como problemas en los pies, las piernas, el colon y la vejiga. También podemos sentir una falta de conexión con la tierra o tener dificultades para mantener la conexión con la tierra. También son comunes los sentimientos de inseguridad y miedo.

El chakra de la raíz es el responsable de nuestra sensación de conexión con la tierra y con el mundo físico. Este chakra se ocupa de la supervivencia y de mantenernos a salvo. Cuando está en equilibrio, nos sentimos seguros, estables y capaces de manejar mejor el estrés; no nos agobiamos tan fácilmente.

Abrir el chakra de la raíz

Para abrir este chakra, hay que hacer algunas cosas.

En primer lugar, es esencial sentir su conexión con la tierra. Cuanto más en contacto estemos con la naturaleza y nuestro físico, más fácil será esto. Aunque la meditación puede ayudarnos a alcanzar un estado en el que nos sintamos más arraigados, es importante dedicar tiempo cada día a actividades que nos hagan sentir conectados a la tierra.

Algunas personas encuentran la conectividad a través del yoga y el ejercicio. Patalear, el Kundalini Yoga y la postura del puente son algunas formas de abrir la parte inferior de la columna vertebral. Comer alimentos de color rojo, como las manzanas, los tomates y la remolacha, es una forma excelente de equilibrar el chakra de la raíz.

2. El chakra sacro

El chakra sacro está situado en la parte inferior del abdomen y es responsable de nuestras emociones, creatividad y sexualidad. Este chakra tiene que ver con el placer y con cómo experimentamos la vida. Cuando está en equilibrio, disfrutamos de la vida y encontramos alegría en las experiencias cotidianas. También somos más creativos y expresivos.

Ubicación: Parte inferior del abdomen

Color: Naranja

Representa: Creatividad, expresión, emociones y placer. Un chakra bloqueado en esta zona puede causar problemas con los órganos reproductores, los riñones y el hígado. También podemos sentirnos desconectados de nuestras emociones o tener dificultades para expresarnos creativamente. La depresión también es común cuando este punto se desequilibra.

El chakra sacro es responsable de nuestras emociones, creatividad y sexualidad. Este chakra tiene que ver con el placer y con cómo experimentamos la vida. Cuando está en equilibrio, disfrutamos de la vida y encontramos alegría en las experiencias cotidianas. También somos más creativos y expresivos.

Abrir el chakra sacro

Para abrir este chakra, piense en las cosas que le producen placer y alegría. Puede ser algo tan sencillo como disfrutar de una taza de café o té hasta algo más extravagante como unas vacaciones. El objetivo es encontrar actividades que nos ayuden a conectar con nuestra creatividad y emociones para vivir la vida plenamente sin sentirnos abrumados por la negatividad.

Una buena manera de abrir el chakra sacro es haciendo posturas de yoga como la postura del camello, la postura del niño y la postura del pez. Comer alimentos de color naranja o con un tono naranja también puede ayudar a equilibrar este chakra.

3. El chakra del plexo solar

El chakra del plexo solar está situado en el estómago y es el responsable de nuestro poder personal, de la autoestima y de cómo nos vemos a nosotros mismos. Este chakra tiene que ver con defender lo que uno cree, sin importar lo que digan o piensen los demás. Puede seguir su camino y sentirse cómodo en su piel cuando está abierto.

Ubicación: Estómago

Color: Amarillo

Representa: Poder personal, autoestima, encontrar nuestra voz. Un chakra bloqueado aquí puede provocar problemas digestivos como úlceras de estómago u otros problemas con el hígado, la vesícula biliar y el bazo. También podemos sentir que no somos lo suficientemente buenos o tener una baja autoestima. Podemos tener miedo de hablar por nosotros mismos o de asumir riesgos.

Los ejercicios como el yoga y el tai chi pueden ayudar a abrir el chakra del plexo solar. También es importante comer alimentos amarillos o que tengan un tono amarillo. Los plátanos, la piña y el maíz son grandes ejemplos. Los tés como la manzanilla, el jengibre y la lavanda también pueden ayudar a abrir este chakra.

4. El chakra del corazón

El chakra del corazón se encuentra en el centro del pecho y es responsable de nuestras relaciones con los demás, tanto románticas como platónicas. Este chakra tiene que ver con el amor, la compasión y el perdón. Cuando está abierto, tenemos relaciones saludables con los demás y podemos dar y recibir amor libremente.

Ubicación: Centro del pecho

Color: Verde

Representa: Amor, compasión, perdón. Un chakra bloqueado en esta zona puede provocar enfermedades del corazón, problemas respiratorios y dolor en las articulaciones. También podemos tener dificultades para perdonar a los demás o sentir resentimiento hacia ellos. El chakra del corazón está relacionado con las relaciones, por lo que es importante centrarse en actividades que nos ayuden a conectar con los demás. Cosas como la meditación, el voluntariado y pasar tiempo en la naturaleza ayudan a abrir este chakra. Comer alimentos verdes o que tengan un tono verde también es beneficioso. Las verduras de hoja verde, los pepinos y el kiwi son buenos ejemplos. Los tés como la menta, la lavanda y la manzanilla son adecuados.

5. El chakra de la garganta

El chakra de la garganta está situado en el cuello y se ocupa de la comunicación verbal y no verbal. Este chakra tiene que ver con decir nuestra verdad sin miedo a ser juzgados o a las repercusiones. Estar abierto aquí nos permite comunicarnos de forma clara y honesta, lo que puede ayudarnos a alcanzar objetivos de forma más eficiente al permitir que otros nos apoyen.

Ubicación: Cuello, zona de la garganta

Color: Azul o turquesa

Representa: Este chakra tiene que ver con expresarnos a través de la palabra hablada y escrita y con comunicarnos con los demás sin miedo a ser juzgados o a las repercusiones. Cuando este chakra está abierto, puede hablar por sí mismo y compartir fácilmente sus pensamientos e ideas. También puede descubrir que es un líder más eficaz, ya que es probable que los demás sigan su ejemplo.

Cantar, recitar, ponerse de pie con los hombros y las posturas de yoga que abren la zona del pecho ayudan a abrir este chakra. Los tés como la menta, la lavanda y la manzanilla son excelentes para la salud de la garganta, por lo que puede ser recomendable beberlos antes de acostarse o a primera hora de la mañana si su energía es baja. Los alimentos con tonos azules, como las bayas y las uvas, también son beneficiosos.

6. El chakra del tercer ojo

El chakra del tercer ojo está situado en el centro de la frente y se ocupa de la intuición, la percepción, la perspicacia, el aprendizaje y la memoria. Este chakra le permite saber en qué es importante centrarse para poder prestarle la atención adecuada y dejar ir lo que no sirve para nada.

Ubicación: Centro de la frente, entre las cejas

Color: Índigo o azul-violeta intenso

Representa: La intuición, la percepción, la perspicacia y el aprendizaje son partes de este chakra. Cuando está abierto, hace conexiones con mayor facilidad, lo que le ayuda con su memoria y a aprender cosas nuevas. También es posible que esté más en sintonía con su intuición y sus sentimientos viscerales, que le ayudan a tomar mejores decisiones.

Este chakra tiene que ver con el enfoque y la concentración, por lo que actividades como la meditación, el yoga y la concentración en la respiración son muy útiles para abrirlo. Comer alimentos con un tono índigo, como los arándanos, las ciruelas y las berenjenas, son excelentes para este chakra. Los tés como la lavanda o el jazmín también pueden ser beneficiosos.

7. El chakra de la corona

El chakra de la corona se encuentra en la parte superior de la cabeza y es responsable de su conexión con lo divino. Este chakra tiene que ver con dejar de lado el ego y el egocentrismo para conectar con algo más grande que nosotros mismos. Cuando está abierto, vemos las cosas desde una perspectiva superior y nos centramos en lo que es verdaderamente importante en la vida.

Ubicación: Parte superior de la cabeza, zona de la coronilla

Color: Violeta o blanco (se ve como oro cuando está abierto)

Representa: Este chakra tiene que ver con dejar de lado el ego y el egocentrismo para conectar con algo más grande que nosotros mismos. Cuando está abierto, podemos ver las cosas desde una perspectiva más elevada y centrarnos en lo que es verdaderamente importante en la vida.

Este chakra tiene que ver con lo divino, por lo que actividades como la meditación, la oración o cualquier práctica que le acerque a su lado espiritual le ayudará a abrirlo. Correr y meditar son dos grandes actividades que pueden ayudar a abrir el chakra de la corona. Comer alimentos con un tono violeta, como las moras, las ciruelas y las berenjenas, son excelentes para este chakra. Los tés como el de lavanda o el de jazmín también pueden ser beneficiosos.

Alineación de los chakras para acceder a los registros akáshicos

Ahora que hemos repasado los siete chakras principales, hablemos de cómo alinearlos nos ayuda a acceder a los registros akáshicos.

El primer paso es establecer su intención. Podemos aprovechar la energía de nuestros chakras estableciendo una intención con un fuerte sentido de voluntad y deseo.

A continuación, pase a la visualización, que es cuando se ve a sí mismo en ese momento en el que accede a los registros akáshicos. Algunas personas lo hacen mejor visualizándose en la biblioteca akáshica, y a otras les gusta imaginar que se abre un portal energético. La forma que elija para llegar allí no importa, siempre y cuando funcione para usted.

Por último, haga todo lo posible por no juzgar ni comparar lo que está sucediendo durante este proceso porque todo sucederá a su tiempo y a su manera. Como cualquier otra práctica espiritual, es importante tener paciencia y dejar de lado la necesidad de control.

Realice el siguiente cuestionario para determinar en qué debe trabajar primero.

Descubra cuál de sus chakras necesita ser equilibrado

Q1. ¿Qué color no le atrae en absoluto?
a) Rojo
b) Naranja
c) Amarillo
d) Verde
e) Azul
f) Índigo
g) Violeta

Q2. ¿Cuál de las siguientes cualidades le gustaría tener?
a) Conexión a tierra
b) Alegre
c) Confianza
d) Amoroso
e) Expresivo
f) Sabio
g) Conectado

Q3. ¿Qué bebida le gusta más?
a) Café
b) Leche
c) Agua
d) Gaseosa
e) Té con limón o miel
f) Bebidas alcohólicas
g) Zumos frescos

Q4. ¿Siente que no tiene nada que esperar en la vida?
a) No; siempre estoy deseando vivir nuevas experiencias
b) Un poco, pero no tanto como antes
c) En absoluto; cada día es una nueva aventura
d) Solo cuando ocurre algo importante

e) Rara vez; la mayor parte del tiempo, siento que hay algo que esperar

f) Casi nunca; siento que la vida pasa de largo

Q5. ¿Cuál de las siguientes piedras preciosas le gustaría llevar?

a) Diamante

b) Rubí

c) Cuarzo

d) Amatista

e) Ónix

f) Perlas

Q6. ¿Se considera una persona honesta?

a) Sí, siempre digo la verdad

b) La mayoría de las veces digo la verdad, pero hay algunas cosas que oculto

c) No, a veces distorsiono la verdad para adaptarla a mis necesidades

d) Depende de la situación

e) Rara vez; la honestidad no es realmente una de mis virtudes

Q7. ¿Cuál de las siguientes flores es su favorita?

a) Rosa

b) Orquídea

c) Lirio

d) Girasol

e) Margarita

f) Crisantemo

Q8. ¿Le gusta estar solo o rodeado de gente?

a) Solo, Disfruto de mi propia compañía y me relaja estar solo a veces

b) Con gente, prefiero estar con mis amigos y mi familia

c) Ambas cosas, me gusta estar solo y con otras personas, pero también me relaja sentarme a veces en silencio durante un rato

Q9. ¿Le resulta difícil concentrarse en una tarea a la vez?
a) No, puedo concentrarme en cualquier cosa que necesite
b) Depende de la tarea, algunas cosas son fáciles de enfocar y otras son más difíciles
c) Sí, me lleva un tiempo centrarme en algo y permanecer concentrado

Q10. ¿Cuál de las siguientes fragancias le resulta más atractiva?
a) Jazmín
b) Lavanda
c) Vainilla
d) Menta
e) Canela
f) Piña

Q11. ¿Es usted una persona paciente?
a) Sí, soy muy paciente y puedo esperar a que las cosas sucedan a su debido tiempo
b) En su mayoría, pero hay veces que me impaciento y quiero que las cosas sucedan ya
c) No, me gusta ver los resultados rápidamente y no soy muy bueno esperando las cosas

Q12. ¿Se siente cómodo hablando de sus emociones?
a) Sí, no me importa hablar de nada y siempre estoy dispuesto a una buena charla
b) A veces, depende del tema, pero a veces las cosas son difíciles de discutir
c) No, no es que no esté dispuesto. No hay mucha gente que pueda entenderme o relacionarse con lo que estoy pasando

Q13. ¿Le gusta crear cambios en su vida?
a) Sí, me gusta tener el control de mi vida y hacer cambios cuando es necesario
b) Algo, me gustan los cambios, pero no demasiados a la vez
c) No, prefiero que las cosas sigan igual la mayor parte del tiempo
d) Depende del tipo de cambio del que estemos hablando. Por

ejemplo, me gusta cambiar de color de pelo quizá una vez al mes

Q14. ¿Qué parte de su cuerpo le causa más molestias?
a) Suprarrenales, riñones, pies, rodillas, caderas
b) Ovarios, desequilibrio hormonal
c) Sistema digestivo
d) Pulmones, circulación, corazón, sistema inmunitario
e) Garganta, tiroides, boca, dientes, mandíbula, oídos (sistema ORL)
f) Hipófisis, ojos, senos paranasales, dolores de cabeza
g) Glándula espinal, insomnio, nervios (ansiedad)

Q15. ¿Tiene miedo de seguir adelante con la vida?
a) No, siempre estoy buscando nuevas oportunidades y experiencias
b) Algo, no tengo miedo de seguir adelante, pero es algo que tengo que pensar cuidadosamente
c) Sí, tengo miedo de lo que pueda pasar si dejo atrás el pasado
d) Depende de lo que signifique "seguir adelante"
e) Sí, quiero seguir adelante, pero la gente y las cosas me impiden hacerlo
f) No, siempre avanzo en la vida sin importar lo que ocurra en el pasado o en el presente
g) A veces: depende de lo que haya avanzado para equilibrar mi "pasado", "presente" y "futuro"

Q16. ¿Es una persona compasiva?
a) Sí, siento el dolor de los demás y siempre estoy ahí para ayudar
b) Algo, puedo ser comprensivo a veces, pero depende de la persona
c) No, no me importan los sentimientos de los demás, tengo mis propios problemas
d) A veces, depende de la persona y de por qué se siente de cierta manera, y qué tipo de ayuda quiere de mí

e) Depende de lo que signifique "compasiva"

f) No, el dolor de la mayoría de las personas es su problema, no el mío

g) Sí, siempre me siento mal por la gente que está en una situación difícil y quiero ayudarles en todo lo que pueda

Q17. ¿Le gusta correr riesgos?

a) Sí, me encanta probar cosas nuevas y correr riesgos

b) Algo, me gustan algunos riesgos, pero no demasiados a la vez

c) No, no me gusta hacer cosas que puedan tener una posibilidad de fracaso

d) Depende de qué tipo de riesgos estemos hablando

e) Sí, pero solo si el riesgo tiene una recompensa lo suficientemente grande para mí, y estoy seguro de que saldrá bien

f) No, son muchos los riesgos que conlleva arriesgar su vida o su futuro. ¿Por qué querría correr ese tipo de riesgos innecesarios?

g) Depende del riesgo que se corra: algunos riesgos merecen la pena y otros no

Q18. ¿Se pone a la defensiva con facilidad?

a) No, no soy muy sensible a las críticas y puedo tomarlas con calma

b) Sí, pero solo si la persona que me critica es alguien a quien respeto o aprecio

c) Sí, me pongo muy a la defensiva porque la gente dice cualquier cosa para intentar hundirme

d) Depende de las circunstancias, a veces me tomo bien las críticas, pero otras veces no tanto

e) No, en general, soy una persona bastante tranquila que solo quiere divertirse con otras personas y no se molesta demasiado por lo que dicen los demás

f) Puedo estar a la defensiva, pero solo porque es importante para mí defenderme cuando otras personas me menosprecian o me juzgan injustamente

g) Las opiniones de los demás no me molestan, sino tienen nada bueno que decir, no deberían decir nada

Respuestas:

Mayormente como: Su chakra de la raíz necesita equilibrarse.

Mayormente B: Su chakra sacro necesita ser equilibrado.

Mayormente C, D o E: Su chakra del plexo solar necesita ser equilibrado.

Mayormente F o G: Su chakra del corazón necesita ser equilibrado.

Los sentimientos de inseguridad, miedo y ansiedad son los síntomas de un chakra del corazón desequilibrado.

La incapacidad para concentrarse, la impaciencia y la dificultad para hablar de las emociones son síntomas de un chakra del plexo solar desequilibrado.

Los chakras son centros de energía en el cuerpo que afectan a todo, desde el bienestar emocional hasta la salud física, por lo que es esencial entenderlos para un enfoque holístico de la vida. Este conocimiento le ayudará a tomar medidas para estar más conectado a la tierra y centrarse diariamente. Es posible que quiera incorporar algunos o todos estos ejercicios a su rutina de yoga si ya los practica. Si no es así, pueden ser una excelente manera de comenzar. Por último, aunque no hay nada que sustituya a la experiencia a la hora de equilibrar sus energías a través de la meditación, la visualización, las técnicas de respiración u otras prácticas extraídas de antiguas tradiciones como el yoga o la medicina china, siempre es útil tener un profesor con el que pueda hablar si nota algo fuera de lo normal.

Al igual que los chakras, la respiración es una parte vital de nuestra vida cotidiana, y necesitamos funcionar a niveles óptimos. Es imprescindible que todas las personas practiquen diariamente técnicas de respiración adecuadas, incluso cuando parezca fácil o natural. En definitiva, la respiración es una forma excelente de trabajar con los chakras y lograr un estado más equilibrado del ser.

Capítulo 6: Desbloqueo de los chakras

Los chakras representan los centros de energía de nuestro cuerpo situados a lo largo de la columna vertebral. Estos centros energéticos comienzan en la base de la columna vertebral y terminan en la coronilla. Cada uno de ellos corresponde a un grupo de nervios, órganos específicos y otros puntos del cuerpo donde se utiliza la energía. Muchos creen que podría haber más de 100 chakras diferentes en nuestro cuerpo, pero el término chakra suele referirse a los siete centros principales que afectan a nuestro equilibrio energético. Estos conjuntos recogen y conducen la energía vital. El flujo de energía debe ser ininterrumpido para que el cuerpo funcione de forma óptima, lo que solo es posible cuando los chakras están abiertos. Si están bloqueados, los chakras no pueden conducir su energía correctamente, y el cuerpo y la mente sufrirán las consecuencias. Este capítulo explora los siete chakras principales más de cerca, junto con los síntomas de su bloqueo. También analiza las posibles soluciones para desbloquearlos, permitiéndole enfocar su energía positivamente.

La importancia de los chakras

Cada uno de los siete chakras principales afecta a nuestro bienestar, por lo que se distinguen con un nombre, un número, un color y un significado específicos. Su ubicación y su papel en nuestra salud están determinados con precisión, lo que nos permite descubrir la raíz de nuestros problemas de salud. Al explorar los chakras, se descubre que su energía corresponde a diferentes emociones. El sentimiento que resuena con cada grupo de energía puede provenir de fuentes físicas y mentales y siempre dependerá de las circunstancias individuales. Debido a los procesos en curso en su cuerpo, las emociones que resuenan en un chakra pueden cambiar diariamente. Sin embargo, a veces prevalece un sentimiento negativo durante un periodo prolongado, lo que indica que el chakra está bloqueado. Los bloqueos en el sistema de chakras son bastante comunes y, afortunadamente, existe un tratamiento para la mayoría.

Aunque los siete chakras son idénticos en cada ser humano, su bloqueo suele estar causado por diferentes factores. Además, una persona puede experimentar síntomas físicos o mentales inducidos por un bloqueo en un órgano. En cambio, otra experimentará los mismos síntomas relacionados con una cuestión diferente, porque los chakras se ven afectados por factores ambientales externos e internos. Cada uno de nosotros está sometido al estrés de muchas maneras diferentes en nuestro día a día. Tanto si nos enfrentamos a retos profesionales como personales, nuestros cuerpos reaccionan a ellos de forma diferente. Además, nuestro cuerpo sufre muchos cambios a medida que envejecemos, como la disminución del flujo de energía. Todo esto afecta a nuestros chakras y los bloquea de vez en cuando.

Afortunadamente, hay muchas maneras de desbloquear los chakras y restablecer el equilibrio en el flujo de energía. Las opciones son amplias y varían desde establecer un estilo de vida más saludable hasta utilizar cristales y aceites curativos. Sin embargo, es importante tener en cuenta que su éxito en la corrección del desequilibrio de sus chakras dependerá de su voluntad de realizar el esfuerzo necesario. Estas técnicas se han utilizado con éxito durante siglos. Pero, para que le funcionen, debe estar dispuesto a explorar su naturaleza interior y su entorno.

Desbloqueo de los siete chakras principales

1. **El chakra de la raíz**

    Ubicación: En la base de la columna vertebral

    Color: Rojo

    Significado: Estabilidad, arraigo e identidad

Como su nombre indica, el chakra de la raíz le ayuda a mantener los pies en la tierra a pesar de los desafíos de la vida. Además, este centro puede ayudarle a establecer los cimientos de su vida proporcionándole una sensación de seguridad. Si está bloqueado, este chakra se manifestará con síntomas físicos, como problemas digestivos, de vejiga y artritis. Las consecuencias emocionales de un chakra de la raíz cerrado, son la inseguridad sobre su bienestar, la depresión, la ansiedad y la baja autoestima. También puede sentirse desconectado de sus raíces y de su entorno. Cuando está abierto, tiene una sensación absoluta de seguridad en su futuro y al mismo tiempo se siente conectado a la tierra.

He aquí cómo desbloquear el chakra de la raíz:

- **Con la comida:** Los alimentos de color rojo, como los tomates, las remolachas, los chiles, los rábanos y las fresas, son los que mejor funcionan para desbloquear este centro.

El consumo de zanahorias y otras verduras de raíz también puede ayudar.

- **A través del yoga:** La postura del niño, el puente, la postura de pinza de pie y la postura del ángulo reclinado tienen grandes efectos de conexión a tierra, lo que significa que pueden ayudarle a realinearse con sus raíces.

- **Con cristales:** Los cristales de color rojo y negro, como el rubí, el jaspe rojo o la obsidiana, son los que mejor conectan con este chakra. Puede colocarlos en las plantas de los pies o en la parte baja de la espalda mientras está tumbado boca abajo.

- **Uso de aceites:** Para desbloquear el chakra de la raíz, puede masajear con él aceite de nuez moscada. El pachulí es excelente para bajar los niveles de energía demasiado altos, y el aceite de bergamota ayuda a restablecer el equilibrio en este centro.

- **Utilizar afirmaciones positivas:** Al repetir afirmaciones positivas sobre la seguridad, se relacionará más con su entorno, ayudándole a romper los hábitos que no le permiten sentirse seguro.

- **Practicar la meditación:** Las personas con problemas en el chakra de la raíz pueden tener dificultades para meditar en posición sentada. Si este es el caso, siempre puede intentar meditar mientras camina. Será necesario que camine descalzo sobre la arena, la hierba o la tierra para sentirse más conectado con sus raíces.

2. **El chakra sacro**

    Ubicación: Debajo del ombligo

    Color: Naranja

    Significado: Creatividad y placer

Este chakra determina cómo expresa sus emociones y se relaciona con los sentimientos de los demás. También es responsable de suministrarle energía creativa que puede utilizar para explorar las relaciones y la sexualidad. Cuando el chakra sacro está bloqueado, puede experimentar síntomas físicos, como fatiga, dolor lumbar, disfunción sexual e infecciones en la zona genital.

También puede producirse la incapacidad de sentir alegría y placer en sus relaciones o de ser creativo. En cambio, cuando el chakra sacro está abierto, se siente con energía para crear y dedicado a sus relaciones sexual y emocionalmente.

A continuación se explica cómo desbloquear el chakra sacro:

- **A través de la comida:** Las naranjas, calabazas, mangos, miel y otros alimentos de color naranja ayudan a abrir este centro energético.
- **A través del yoga:** Las posturas que ayudan a abrir el cuerpo favorecen la exploración de la sexualidad y la creatividad. Estas son la cobra, la paloma, la rana y las posturas de apertura de cadera.
- **Con cristales:** Debido a su color naranja o rojo, los cristales como el granate, la calcita naranja, la piedra de sangre y la cornalina pueden abrir este chakra. Colóquelos en su cuerpo un poco por debajo del ombligo mientras descansa.
- **Uso de aceites:** Masajear aceite de cardamomo picante abrirá el chakra, el neroli puede calmar su energía, mientras que la naranja dulce restablecerá su equilibrio.
- **Utilizar afirmaciones positivas:** Repetir afirmaciones sobre la sensualidad de la creatividad ayuda a restaurar su fe en estas habilidades. Incluso puede utilizarlas para animar su relación.
- **Practicar la meditación:** La creatividad proviene de su capacidad de dejarse llevar por la corriente. La mejor manera de practicar esto es mediante la meditación cerca del agua. Puede sentarse junto a ella, meterse en ella o incluso nadar lentamente. Todas ellas le ayudan a relajarse y a ser creativo.

3. **El chakra del plexo solar**

Ubicación: Zona abdominal superior

Color: Amarillo

Significado: Confianza y autoestima

El chakra del plexo solar es responsable de aumentar sus niveles de confianza y le ayuda a tomar el control de su vida. Cuando está bloqueado, la autoestima disminuye, se siente inútil, ansioso e impotente para hacer cualquier cosa. El bloqueo de este centro también puede manifestarse en forma de indigestión, ardor de estómago, úlceras y trastornos alimentarios. Al desbloquearlo, puede darse confianza para tomar las riendas de su vida y vivirla como quiera.

Puede desbloquear el chakra del plexo solar a través de los siguientes métodos:

- **A través de la comida:** Los alimentos frescos y de color amarillo, como el maíz, los plátanos, los albaricoques y la piña, son los mejores para abrir el chakra.

- **A través del yoga:** Posturas como el arco, el barco, el guerrero o las flexiones hacia atrás fortalecen su núcleo y ayudan a restaurar el flujo de energía saludable a este chakra.

- **Con cristales:** Los cristales dorados o amarillos, como el citrino, el ojo de tigre dorado, el cuarzo amarillo y la calcita amarilla pueden desbloquear este chakra. Colóquelos alrededor del plexo solar, en el abdomen, mientras se relaja, o llévelos como joyas a lo largo del día.

- **Uso de aceites:** Para desbloquear este chakra, puede masajear su estómago con aceite de eucalipto. Puede utilizar aceite esencial de cítricos para restablecer el equilibrio energético y de helicriso para reducir sus niveles.

- **Utilizar afirmaciones positivas:** Repitiendo afirmaciones sobre el poder personal, puede tomar el control de su vida. A medida que repita los pensamientos positivos sobre lo que puede hacer para mejorar su vida, poco a poco comenzará a creerlos.

- **Practicar la meditación:** Utilice la respiración y otras técnicas de meditación para llegar a su interior y descubrir la causa de su baja autoestima. Ya sea por la educación o por cualquier otro trauma emocional, el equilibrio del chakra del plexo solar suele perderse mucho antes de que aparezcan los síntomas. Descubrir la causa puede ayudar a restablecerlo.

4. **El chakra del corazón**

   Ubicación: En el centro del pecho

   Color: Verde

   Significado: Compasión, amor y cuidado

Este chakra, situado cerca del corazón, tiene naturalmente un enorme impacto en el desarrollo de las emociones, como el amor, la compasión y la empatía. El bloqueo del chakra del corazón provoca problemas circulatorios y pulmonares. También puede provocar un aumento de peso, que a menudo se debe a otros problemas físicos y emocionales. Entre estos últimos se encuentra la incapacidad de sentir amor, especialmente por uno mismo, y siempre se pone a los demás en primer lugar. También es posible que le resulte difícil dejar atrás los agravios del pasado, conectar con los demás o tener confianza en su futuro. Restablecer este centro de energía le hará sentirse más seguro a la hora de conectar consigo mismo y con los demás. Además, el chakra del corazón está situado en el centro de los siete, lo que significa que su función saludable mantiene el flujo de energía entre los demás.

Puede desbloquear el chakra del corazón de las siguientes maneras:

- **A través de la comida:** Para desbloquear este chakra, debe consumir productos verdes, como espinacas, brócoli, coles de Bruselas, col rizada, lechuga y lentejas verdes.
- **A través del yoga:** Las posturas como los estiramientos de hombros, las flexiones hacia atrás, el águila o la postura del camello pueden ayudar a fortalecer el núcleo, la caja torácica y los brazos, lo que resulta en una función más saludable del corazón y los pulmones.

- **Con cristales:** Los cristales verdes, como el jade, la calcita verde y la esmeralda, son los que mejor funcionan en este chakra, pero también puede utilizar el cuarzo rosa para fomentar los sentimientos positivos. Coloque un cristal en el centro del pecho mientras está acostado. También puede llevarlos en forma de collar durante el día.
- **Uso de aceites:** El masaje con aceite de palmarosa en el esternón es el más eficaz para desbloquear el chakra del corazón. La lavanda ayuda con la energía hiperactiva, mientras que el geranio en la mitad de la espalda mantendrá el centro del corazón funcionando correctamente.
- **Utilizar afirmaciones positivas:** Puede restaurar su capacidad de dar y recibir amor y compasión repitiendo afirmaciones relacionadas con la curación emocional.
- **Practicar la meditación:** Las técnicas de respiración que se suelen utilizar en la meditación pueden ayudarle a relajarse y a abrir su alma a las emociones. También le permite centrarse más en sí mismo, lo que puede resultarle incómodo al principio. Sin embargo, con el tiempo, aprenderá los beneficios de esta práctica.

5. **El chakra de la garganta**

    Ubicación: En la garganta

    Color: Azul

    Significado: Comunicación

El chakra de la garganta afecta principalmente a la capacidad de expresarse verbalmente, pero sus efectos también se extienden a los síntomas físicos. La raíz de la mayoría de los problemas relacionados con las zonas de la boca y la garganta, como las cuerdas vocales, la tiroides, los dientes y las encías, se encuentran en este chakra. Además, el bloqueo de este centro energético puede dar lugar a diversos problemas de comunicación verbal. Estos pueden ir desde la mera falta de honestidad hasta la timidez y la incapacidad de decir lo que se piensa, pasando por la necesidad de dominar las conversaciones y hablar sin pensar. En cambio, cuando el chakra de la garganta está abierto, se habla con seguridad y se articulan los pensamientos correctamente. También puede escuchar a sus interlocutores y comprender sus puntos de vista.

Formas de desbloquear el chakra de la garganta:

- **A través de la comida:** Comer alimentos frescos y coloridos, como la hierba de trigo, la fruta del dragón, el ginseng, las moras y los arándanos, puede ayudar a desbloquear la energía.

- **A través del yoga:** Las posiciones recomendadas para este problema son la postura de los hombros, la postura del pez, la postura del arado y la postura del puente. Todas ellas fortalecen la zona del cuello, ayudando a restaurar su chakra.

- **Con cristales:** Llevar joyas con cristales curativos azules alrededor de su cuello tendrá un poderoso efecto en este chakra. Busque collares con angelita, sodalita, turquesa o calcita azul, y llévelos todo el día hasta que su problema se resuelva.

- **Uso de aceites:** Rociar diferentes aceites en su cuello tendrá diversos efectos. Por ejemplo, el aceite de cilantro promoverá un flujo de energía saludable, el limón restaurará un chakra bloqueado y la vainilla equilibrará su energía.

- **Utilizar afirmaciones positivas:** Para desbloquear este chakra, repita varias afirmaciones diferentes que hagan referencia a la comunicación y la autenticidad. También puede insistir en la importancia de la verdad interior. Estas le pondrán en la dirección correcta para comunicarse con los demás.

- **Practicar la meditación:** A través de las técnicas de meditación, puede aprender a enfocar su mente, lo que le resultará muy útil en su comunicación diaria. Incluso un par de minutos tranquilos al día harán que se dé cuenta de lo importante que es centrarse en la esencia. También conectará con su ser interior, lo que le ayudará a abrir el chakra de la garganta.

6. El chakra del tercer ojo

Ubicación: Entre los ojos
Color: Índigo
Significado: Imaginación e intuición

El tercer ojo es responsable de las imágenes, la imaginación y, sobre todo, de la intuición. El bloqueo de este chakra provoca síntomas que indican problemas con el cerebro y la mente. Los síntomas físicos incluyen problemas de visión y audición, dolores de cabeza, confusión y mareos. Puede tener problemas para escuchar su instinto y ser incapaz de tomar decisiones. O bien, se niega a escuchar su intuición porque cree que ya lo sabe todo. Desbloquear el tercer ojo resolverá esto, permitiéndole ponerse en contacto con sus instintos y ver la verdadera realidad.

Estas son algunas formas de desbloquear el chakra del tercer ojo:

- **A través de la comida:** El consumo de alimentos de color púrpura, como las ciruelas, las berenjenas, la lechuga morada, las zanahorias moradas y las uvas, puede contribuir a restaurar la energía en esta región.

- **A través del yoga:** Las flexiones hacia delante con apoyo pueden ayudar a visualizar resultados positivos y a afirmarlos haciendo que las imágenes sean más vívidas.

- **Con cristales:** Acuéstese durante un par de minutos al día con un cristal púrpura o azul en la frente, entre los ojos, justo encima del puente de la nariz. El zafiro, la amatista, la sugilita y el lapislázuli son los que mejor funcionan para limpiar las vías de esta región.

- **Uso de aceites:** Aplicando aceite esencial de romero en la frente, entre los ojos y justo encima de la nariz, puede desbloquear este chakra. El aceite de manzanilla alemana se adapta a la energía sobrecargada de este centro, mientras que el sándalo restablecerá su equilibrio.

- **Utilizar afirmaciones positivas:** Repetir afirmaciones relacionadas con la conciencia y la intuición puede ayudar a abrir su tercer ojo y darle un poco más de visión de las cosas que suceden a su alrededor.

- **Practicar la meditación:** A través de técnicas de respiración consciente en la meditación, puede centrarse más en sus instintos. A medida que se relaje y respire, sus pensamientos influenciados por su entorno se aquietarán, dejará de confiar en ellos y utilizará su instinto visceral en su lugar.

7. **El chakra de la corona**

   Ubicación: En la parte superior de la cabeza

   Color: Violeta

   Significado: Inteligencia y conciencia

El chakra de la corona representa su herramienta para formar conexiones espirituales y, a través de ellas, ayudarle a determinar el propósito de su vida. Su ubicación en la cabeza significa que afecta al cerebro y a la columna vertebral, lo que suele provocar migrañas, mareos y dolores de cabeza. Sin embargo, como este chakra está conectado con todos los demás grupos de energía del cuerpo, su bloqueo también puede provocar otros síntomas físicos. Un chakra coronario deteriorado puede causar estrechez de miras, escepticismo y terquedad cuando afecta a su espíritu. También puede sentirse perdido e incapaz de conectar con el mundo espiritual o de abrazar plenamente sus creencias. El desbloqueo de este chakra suele conducir a una poderosa iluminación espiritual y a encontrar el propio propósito. Un chakra de la corona abierto también ayudará a mantener todos los demás abiertos, asegurando un flujo de energía adecuado a través de todo el cuerpo.

He aquí cómo desbloquear el chakra de la corona:

- **A través de la comida:** Como el bloqueo de este centro energético puede causar problemas con los demás y viceversa, comer cualquier cosa podría empeorar todo. Por esta razón, la mejor solución para los problemas con el chakra de la corona es el ayuno con solo líquidos durante unas 48 horas. Normalmente, después de este tiempo, todos sus órganos se limpiarán, y todas las vías de flujo de energía se despejarán.

- **A través del yoga:** Cualquier postura de yoga que afecte a los otros centros energéticos también afectará a este. La combinación de posturas utilizadas para los otros seis chakras principales parece ser la más útil para desbloquear este.

- **Con cristales:** Busque cristales morados o blancos y colóquelos en la parte superior de la cabeza. La mejor manera de hacerlo es mientras meditas, pero también puede hacerlo mientras está sentado sin moverse durante al menos un par de minutos. La amatista, la selenita, la piedra de luna, los diamantes y el cuarzo claro son excelentes para restaurar este chakra.

- **Uso de aceites:** Los aceites de chakra funcionan mejor para el chakra de la corona cuando se inhalan. Utilice incienso en un difusor para equilibrar el chakra, neroli para calmar la energía, o lavandín dulce para desbloquearlo.

- **Utilizar afirmaciones positivas:** Repetir afirmaciones positivas que hagan referencia a la espiritualidad iluminará su alma y, al mismo tiempo, abrirá su chakra de la corona.

- **Practicar la meditación:** Le permite enfocar sus pensamientos. La meditación puede ser una gran manera de reconectar con su ser interior. Centrarse en la respiración hará que su mente se calme lo suficiente como para que pueda observar sus pensamientos en lugar de ser consumido por ellos. Aunque le resulte difícil dejar que los pensamientos se vayan, hacerlo le permitirá finalmente conectar con su ser divino.

Aunque todas estas técnicas funcionarán perfectamente para abrir los chakras individuales, tiene que recordar que todos estos puntos están conectados. A veces, el desequilibrio en un chakra también afectará a los otros chakras. En este caso, arreglar uno no será suficiente para restablecer el equilibrio en su cuerpo. Para que se convierta en un individuo verdaderamente sano y feliz, todos sus chakras deben estar abiertos. Tiene que prestar atención a cualquier señal que le muestren su cuerpo y su mente y reaccionar en cuanto note cualquier cambio para conseguirlo.

Por último, pero no por ello menos importante, en su viaje hacia el desbloqueo de sus chakras, recuerde que el camino no será sencillo. Puede que tenga que desbloquear un chakra más de una vez, y puede que le resulte más fácil desbloquear ciertos chakras que otros. Por eso la paciencia es la clave, y una vez más, no olvide ser amable consigo mismo. No se quede atrapado en el ciclo negativo de la culpa cada vez que se enfrente a un bloqueo o se esfuerce demasiado. Al igual que una flor tarda en florecer, usted también tardará en hacerlo.

Capítulo 7: Limpieza de la mente

Acceder a sus registros akáshicos no es tan complicado como cree. El truco consiste en limpiar su mente canalizando todos los pensamientos y energías negativas fuera de su mente, cuerpo y alma. Practique algunos ejercicios de meditación para despejar su mente y crear un espacio para acceder a la información en su mente subconsciente.

Puede probar diferentes técnicas para calmar su mente y deshacerse de la energía negativa. Muchas culturas utilizan la meditación para sintonizar con su espiritualidad o para liberar cualquier causa de estrés en sus vidas. Para acceder a sus registros akáshicos, su mente debe estar abierta para aceptar la información que recibirá de su subconsciente. Puede probar varias prácticas meditativas para aprender con cuál se siente más cómodo. Vamos a describir algunos métodos sobre cómo meditar para despejar su mente. Este capítulo trata de cómo puede acceder a los registros akáshicos limpiando su mente.

Cambio de perspectiva

Antes de profundizar en las técnicas y métodos de limpieza de la mente más pesados, es importante que aprenda a cambiar su forma de ver los pensamientos negativos. La mayoría de nosotros crecemos clasificando los pensamientos en negativos y positivos. Aunque esto es completamente normal, no es del todo saludable, ya que crea el hábito de rechazar los pensamientos negativos, lo que es muy similar a barrer el polvo bajo la alfombra. Es cierto que no verá el polvo, pero la habitación seguirá estando sucia.

Rechazar los pensamientos negativos, bloquearlos o distraerse de ellos puede hacer que no piense en ellos, pero seguirán estando ahí. Afectarán a sus acciones, a su estado de ánimo, a sus chakras y, al final, saldrán a la luz.

Para limpiar verdaderamente su mente, necesita aprender a aceptar sus pensamientos sin quedar atrapado en lo que piensa de ellos (negativo/positivo). A pesar de lo aterrador que pueda parecer, el hecho es que, una vez que sea capaz de conectarse a tierra, podrá sentarse con sus pensamientos. Una vez que sea capaz de sentarse con sus pensamientos, podrá aprender a observarlos con comprensión y compasión sin comprometerse con ellos.

Usted no es sus pensamientos. Mientras tenga esto en mente, será capaz de canalizar los pensamientos negativos y mantener una mente clara.

Meditación espiritual

Muchas religiones incluyen la meditación a través de la oración. La gente recita ciertas oraciones de sus libros sagrados para estar en contacto con Dios o con un poder superior. Las personas religiosas suelen practicar la meditación espiritual o las oraciones en casa o en un lugar de culto. Sin embargo, no es necesario seguir una religión para practicar la meditación espiritual. El propósito de la meditación es limpiar su mente y su alma de cualquier rastro negativo, lo que significa que puede considerar la meditación como espiritual.

- La forma de practicar la meditación espiritual depende enteramente de sus propias preferencias. No hay una forma o pasos particulares que tenga que seguir. Encuentre una práctica que se sienta bien para usted. Estos son algunos pasos que puede seguir para practicar la meditación espiritual:
- En primer lugar, siéntese lo más cómodamente que pueda en una habitación tranquila de su casa. Puede poner una manta gruesa o una almohada debajo de usted, para no tener que interrumpir su sesión de meditación porque sus piernas están entumecidas.
- Cruce las piernas y coloque las manos cómodamente sobre las rodillas, o coloque la mano derecha sobre el corazón y la otra debajo del ombligo. Pruebe la posición que le resulte más natural.
- Es posible que sienta que no puede vaciar su mente de sus pensamientos apresurados. La mejor manera es exhalar cada pensamiento como si lo empujara lejos de su cuerpo.
- Céntrese en su patrón de respiración, inhalando y exhalando. Concéntrese en los sonidos de su respiración y sienta cómo se mueve su cuerpo con cada inspiración.
- Al inhalar, sienta que los hombros se levantan y la espalda se endereza un poco más. Sienta cómo el aire entra en sus pulmones y en cada célula viva de su cuerpo.
- Al exhalar, sienta que los hombros se relajan y mantenga la postura. No permita que su espalda se encorve. Estar sentado con la espalda recta le ayuda a respirar mejor.
- Ahora, trate de ver la luminosidad que brilla desde el interior de su alma. Imagine cómo son sus colores interiores y sienta las diferentes sensaciones de calor de cada color.

- Siga este brillo mientras se familiariza con sus movimientos a través de su cuerpo. Observe cómo se transfiere desde su cuerpo hasta el cielo para conectarse con un poder superior.
- Ábrase a la luz que ve y permanezca allí todo el tiempo que quiera. Cuando se sienta preparado, permita que la luz vuelva a su cuerpo.
- Flexione los dedos de las manos y de los pies, descruce las piernas y vuelva lentamente a su realidad. Abra los ojos gradualmente y levántese cuando se sienta preparado. Se sentirá entusiasmado por toda la experiencia.

Se recomienda practicar la meditación espiritual por la mañana y antes de acostarse. También puede practicar en cualquier momento del día si lo desea. Si medita por la mañana, escriba lo que quiere obtener de la práctica meditativa. Ponga su mente con la intención de despejar su cabeza y abrir su mente a nuevos reinos. Si medita antes de acostarse, asegúrese de no tener distracciones a su alrededor. Retire cualquier dispositivo electrónico de la cabecera de su cama y no compruebe el teléfono después de la sesión de meditación para garantizar un buen descanso.

Reiki

El reiki es una terapia japonesa que se considera una práctica medicinal alternativa o complementaria. Se trata de la curación energética mediante la eliminación de cualquier bloqueo en su cuerpo para permitir un flujo de energía suave. El término se refiere a la energía vital que fluye en todo lo que nos rodea. Practicar reiki puede ayudarle a despejar su mente y a acceder a sus registros akáshicos con mayor facilidad.

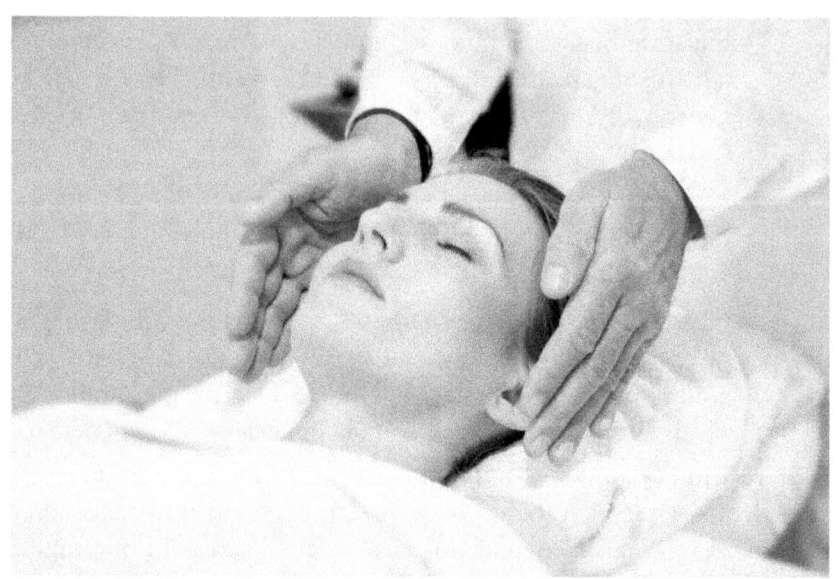

Los practicantes de reiki creen que la energía bloqueada causa una amplia gama de problemas de salud física y mental. También se cree que provoca desgracias, y el objetivo de esta terapia es restablecer el equilibrio interior para garantizar la vitalidad y la prosperidad. Para prepararse para una sesión de reiki, siga estos pasos:

- En primer lugar, tiene que creer en el concepto de reiki, que consiste en que la energía vital fluye a través de todos los seres vivos.

- Puede practicar una sesión de autotratamiento en casa durante 20 minutos por la mañana y por la noche. Practicar dos veces al día es la norma, y puede aumentar el tiempo de cada sesión hasta una hora.

- Elija una habitación tranquila de su casa, alejada de cualquier distracción; estipule esta zona de su casa para las sesiones de reiki. Las posiciones son más flexibles en el reiki que en la meditación, ya que puede realizar la sesión sentado en una silla o en un sofá, o incluso acostado en su cama. También puede sentarse o tumbarse en el suelo si lo prefiere.

- Ponga música relajante si le ayuda a entrar en el estado de ánimo de la sesión de terapia. Puede encontrar música relacionada con el reiki en Internet para reproducirla durante la sesión.
- Asegúrese de estar cómodo tumbándose o sentándose sobre una almohada, quitándose los zapatos y cubriéndose los pies con una manta para estar más cómodo.
- Cierre los ojos y concéntrese en su respiración hasta conseguir un patrón rítmico.
- Una vez que se encuentre en un estado de relajación, estará listo para comenzar el tratamiento. Siga estos pasos en el mismo orden, y cada posición debe mantenerse durante dos minutos para completar una sesión de 20 minutos.
- Coloque las manos juntas como si estuviera rezando. Deben estar justo debajo de la barbilla, en el centro del pecho. Siga centrándose en inhalar y exhalar siguiendo un patrón rítmico.
- Toque la parte superior de la cabeza por los lados con ambas manos. Concéntrese en la sensación de su mano sobre la cabeza mientras inhala y exhala. Sienta el confort que se filtra a través de sus manos hacia su cabeza.
- Cúbrase los ojos con ambas manos mientras sigue respirando con el mismo patrón. Evite cubrirse la nariz en este ejercicio para facilitar la respiración. Concéntrese en la posición de las manos sobre los ojos. Sienta la energía calorífica que sale de las palmas de las manos hacia los ojos. Relaje los músculos de las mejillas, la frente y los ojos.
- Tome su mano derecha, colóquela en su garganta y use su mano izquierda para colocarla en su corazón. Concéntrese en estos dos órganos mientras inhala y exhala de forma relajada. Sienta que los músculos del cuello y del pecho se relajan por completo con su contacto.
- Coloque ambas manos debajo del pecho, una frente a la otra. La parte superior de los dedos centrales debe tocarse.

Concéntrese en la energía de las manos y en esa zona, y permita que los músculos del pecho y las costillas se relajen mientras respira.

- Mantenga la posición anterior de las manos y desplácese un poco más abajo sobre la parte superior del estómago. Concéntrese en relajar los músculos de esa zona. Recuerde inhalar profunda y lentamente.
- Mantenga la misma posición y muévase hacia la parte inferior del estómago, sobre el ombligo. Mantenga la respiración y sienta cómo la energía fluye por esta parte mientras relaja los músculos abdominales.
- Tóquese el hombro doblando los brazos hacia atrás con los codos por delante. Centre su atención en los músculos de esta zona. La mayoría de la gente arrastra tensión en el cuello y los hombros, así que tómese este momento para relajar esta zona mientras inhala y exhala profundamente.
- Toque la zona de debajo de la cintura, donde se encuentran los riñones, con las manos en los lados opuestos. Sienta cómo la relajación se filtra en sus músculos y mantenga la respiración.
- Coloque las manos sobre los pies. Puede doblar las piernas en cualquier posición que le resulte cómoda para poder alcanzar fácilmente los pies. Mantenga esta posición mientras respira y céntrese en relajar los músculos de las plantas de los pies.

Puede probar otras meditaciones, como una meditación guiada en la que un instructor le indique los pasos a seguir. Este tipo de meditación funciona si tiene problemas para concentrarse en su respiración o se distrae fácilmente. También puede escuchar vídeos de meditación y realizar los pasos según las instrucciones. No se desanime si un tipo de meditación no ha funcionado. Le animamos a que pruebe más de un método para determinar cuál le resulta más natural. De esta manera, tendrá una mejor oportunidad de mantener esta práctica diariamente, que es la clave para abrir su mente para acceder a sus registros akáshicos.

Meditación de regresión a vidas pasadas

Este tipo de meditación suele realizarse bajo la dirección de un terapeuta profesional. El terapeuta comienza la sesión con instrucciones específicas para ayudarle a relajarse. Una vez que usted se encuentra en un estado de relajación, el terapeuta procede a animarle a recordar los acontecimientos que experimentó en sus vidas pasadas. El concepto de esta terapia es ayudarle a descubrir detalles específicos sobre usted mismo. Le ayuda a aprender más sobre determinados comportamientos que tiene incorporados sin comprender las razones que los motivan.

Cuando conozca las emociones que arrastra de sus vidas pasadas, comprenderá mejor lo que le desencadena. El objetivo es soltar cualquier trauma o negatividad que guarde de otra vida. A veces, puede encontrar una conexión con su ser superior o con un poder superior y recibir mensajes o indicaciones que le guiarán en su vida.

Con algo de práctica, puede realizar esta terapia de meditación por sí mismo. Sin embargo, no se recomienda a menos que lleve mucho tiempo realizándola bajo la guía de un terapeuta. Puede encontrar recuerdos perturbadores que sean demasiado abrumadores y le causen un trauma en su vida actual.

Cuando quiera acceder a su vida pasada, un punto de partida sería fijarse en lugares, personas, talentos, alimentos o cualquier cosa que le resulte natural. También puede encontrar algunas pistas en sus sueños, pero se necesita mucha habilidad para recordarlos. A veces, tenemos sueños que parecen demasiado reales. Estos sueños podrían ser una pista que está recogiendo de una vida pasada. Cuando entre en estado de meditación, piense en los resultados que desea. Dígase a sí mismo que quiere información sobre su pasado. Esto es lo que significa la intención establecida cuando se intenta acceder a sus registros akáshicos. Practique pedir información antes de acostarse o de realizar una práctica meditativa. Es posible que reciba recuerdos al azar cuando realice esta práctica, y estos recuerdos pueden ayudarle a aprender información valiosa sobre sus vidas pasadas.

Síntomas de una mente confusa

Su mente puede estar llena de ruido y desorden constantes que dificultan su capacidad para concentrarse en su meditación o relajarse. Una mente poco clara le hace sentirse ansioso, estresado e incapaz de concentrarse en las tareas habituales. Este estado también puede denominarse niebla cerebral, en la que se siente mentalmente agotado todo el tiempo. Es posible que se sienta entumecido e incapaz de sentirse entusiasmado o feliz al realizar cualquier actividad. Puede tardar una hora en realizar una tarea que antes le llevaba unos minutos. Estos sentimientos contribuyen a su incapacidad para concentrarse, ya que se distrae fácilmente.

Todos los síntomas se derivan unos de otros. Cuando su cerebro está nublado o confuso, se siente distraído y ansioso. Su ansiedad llena su mente de pensamientos negativos, y toda su energía se destina a eliminar estos pensamientos. Las tareas fáciles pueden parecerle horribles porque no tiene la cabeza para realizar ninguna tarea, por sencilla que sea.

Incluso cuando está haciendo una tarea sencilla como realizar una tarea en casa, su cabeza puede estar llena de pensamientos ansiosos. Así es como la ansiedad conduce a más ansiedad y niebla cerebral. Haga la siguiente prueba para saber si se identifica con estos síntomas. Si la mayoría de sus respuestas son "De acuerdo" y "Muy de acuerdo", es probable que tenga una mente poco clara.

1. Suelo preocuparme por muchas cosas diferentes.
   - Muy de acuerdo
   - De acuerdo
   - Ni de acuerdo ni en desacuerdo
   - En desacuerdo
   - Muy en desacuerdo
2. Tengo problemas para controlar mis pensamientos negativos.
   - Totalmente de acuerdo
   - De acuerdo
   - Ni de acuerdo ni en desacuerdo
   - En desacuerdo

- Muy en desacuerdo

3. Me siento fácilmente agitado cuando estoy estresado.
   - Muy de acuerdo
   - De acuerdo
   - Ni de acuerdo ni en desacuerdo
   - En desacuerdo
   - Muy en desacuerdo

4. Me preocupa que mi estrés me haga sentir agotado.
   - Totalmente de acuerdo
   - De acuerdo
   - Ni de acuerdo ni en desacuerdo
   - En desacuerdo
   - Totalmente en desacuerdo

5. Me preocupa que mi ansiedad contribuya a mi falta de concentración.
   - Totalmente de acuerdo
   - De acuerdo
   - Ni de acuerdo ni en desacuerdo
   - En desacuerdo
   - Totalmente en desacuerdo

6. Me preocupa que mi ansiedad obstaculice mi capacidad para dormir bien.
   - Muy de acuerdo
   - De acuerdo
   - Ni de acuerdo ni en desacuerdo
   - En desacuerdo
   - Totalmente en desacuerdo

7. Siempre me siento nervioso.
   - Muy de acuerdo
   - De acuerdo

- Ni de acuerdo ni en desacuerdo
- En desacuerdo
- Muy en desacuerdo

8. Siempre me preocupa no estar haciendo un buen trabajo.
   - Totalmente de acuerdo
   - De acuerdo
   - Ni de acuerdo ni en desacuerdo
   - En desacuerdo
   - Muy en desacuerdo

9. Me preocupa mucho el futuro.
   - Muy de acuerdo
   - De acuerdo
   - Ni de acuerdo ni en desacuerdo
   - En desacuerdo
   - Muy en desacuerdo

10. Me preocupan los acontecimientos que sucedieron en el pasado.
    - Muy de acuerdo
    - De acuerdo
    - Ni de acuerdo ni en desacuerdo
    - En desacuerdo
    - Muy en desacuerdo

11. Mis músculos suelen tensarse cuando me siento nervioso o estresado.
    - Muy de acuerdo
    - De acuerdo
    - Ni de acuerdo ni en desacuerdo
    - En desacuerdo
    - Totalmente en desacuerdo

En este capítulo hemos hablado de algunos ejercicios de meditación que puede probar en casa. Hemos mencionado algunos síntomas que puede experimentar con una mente poco clara.

Le animamos a que pruebe diferentes métodos para encontrar el que más le convenga. Encontrar un ejercicio mental consciente que le guste le ayudará a seguir practicando la limpieza de su mente de cualquier energía negativa.

Capítulo 8: Limpieza del espacio

El espacio que utilice para meditar tiene que estar libre de energía negativa. No puede centrarse en los ejercicios de respiración y en la meditación cuando su espacio tiene la energía obstruida. Una habitación tranquila y relajante con un buen flujo de energía le ayudará a despejar su mente para que esté abierto a recibir información a través de sus registros akáshicos. En este capítulo se analizan algunos métodos que puede utilizar para limpiar su espacio de meditación.

Sahumar

Este método de limpieza ayuda a limpiar cualquier energía negativa presente en su casa. Consiste en quemar una planta para producir un humo responsable de purificar el aire circundante de cualquier negatividad. Se pueden utilizar muchos tipos de materiales vegetales para limpiar y purificar el entorno. El palo santo es uno de los materiales de madera más utilizados en la limpieza. Es originario de Sudamérica y desprende un olor picante, brillante y dulce que ilumina la habitación al instante, lo que lo convierte en el material preferido para la limpieza diaria.

La salvia blanca es una hierba muy popular para la limpieza y se utiliza mucho en habitaciones congestionadas por su fuerte presencia. La salvia blanca es una opción perfecta si quiere limpiar toda la casa. La salvia blanca produce una fuerte limpieza, ya que proporciona un ambiente curativo al purificar la energía negativa. Cuando se quema, la salvia blanca tiene un aroma dulce y amaderado.

Algunas hierbas promueven un ambiente relajante debido a su contenido en aceites esenciales. Entre ellas se encuentra el álamo temblón, que se utiliza como protección al bloquear las malas energías. Los aceites esenciales ayudan a reducir la ansiedad, proporcionando un entorno óptimo para la meditación. Las hojas de laurel también contienen aceites esenciales y suelen utilizarse para la protección y la curación.

La hierba de limón tiene un aroma refrescante que se utiliza como potenciador de la energía, ya que ayuda a promover un entorno limpio en el que se puede concentrar mejor durante la meditación. La canela también ayuda a aumentar la energía y a mejorar el estado de ánimo, ya que permite la buena suerte y promueve la motivación y la curación. El romero tiene un efecto calmante y ayuda a crear un ambiente de paz. El cedro se suele añadir a un manojo de salvia porque arde durante mucho tiempo y se suele utilizar como protección contra la energía negativa.

El eucalipto se utiliza en la limpieza para obtener beneficios para la salud y es perfecto para limpiar su espacio de meditación. La lavanda promueve una atmósfera relajante por la noche para ayudarle a dormir mejor. Se suele combinar con salvia azul o salvia del desierto en un ramillete. La salvia del desierto ayuda a alejar las emociones negativas. El pino se utiliza habitualmente para la limpieza y la protección, y promueve la buena salud y la fortuna. La hierba gatera fomenta la felicidad y la alegría en un espacio vital y es perfecta para un ritual de limpieza como sahumerio. El clavo produce un aroma dulce y fragante que aleja la energía oscura de su espacio.

Otras plantas utilizadas en la limpieza son la manzanilla, el jengibre, el tomillo, la albahaca, la lila, el amaranto, la mirra, la pimienta de Jamaica, el incienso y la artemisa, entre otras. La salvia blanca suele hacerse en un manojo con algunas hierbas adjuntas y se quema para promover la protección y la limpieza. Muchas de estas hierbas también se utilizan en la limpieza con incienso y se comentan más adelante en este capítulo.

Cuando realice la limpieza, asegúrese de tomarse su tiempo. Tiene que ser consciente de la elección de las hierbas y de dónde colocarlas, así que no se precipite en el proceso. Recuérdese a sí mismo que debe respirar y concentrarse en su ritmo respiratorio para ayudarle a reducir la velocidad. Organice las hierbas en su altar y asegúrese de que solo se utilizan con fines de limpieza y protección.

Coloque una vela en el altar, enciéndala con una cerilla y utilice la vela encendida para encender el manojo de hierbas. Es mejor utilizar un recipiente resistente al fuego para evitar cualquier accidente con las hierbas encendidas. Algunas personas utilizan conchas de abulón como recipiente para la ceniza que cae, y la concha de abulón sirve como elemento de agua en este ritual. Asegúrese de que el recipiente solo se utiliza para la limpieza. Otro elemento importante en este ritual es tener una vasija de arcilla llena de arena. Una vez que haya terminado de hacer la limpieza, utilice la arena para apagar el manojo ardiendo.

Si todavía se siente un poco tenso antes del ritual de sahumerio, dé un paso atrás y relájese. Efectúe una breve sesión de meditación realizando un sencillo ejercicio de respiración. Si está realizando el ritual con otras personas, pídales que se unan utilizando otros métodos como el sonido o el incienso. Establezca su intención antes del ritual de decir lo que su corazón desea. Diga lo que desea para usted y para sus seres queridos. Cuando limpie su espacio de energía negativa, querrá que sus intenciones establecidas ocupen el espacio limpiado. Una vez que tenga todo preparado, puede comenzar el ritual de sahumerio.

Muévase desde la puerta principal de su casa hacia el resto de la casa, tomando cada área una por una mientras sostiene el manojo de hierbas ardientes. Camine lentamente, moviéndose en el sentido de las agujas del reloj alrededor de la casa. Deje que el humo pase por todos los rincones de la casa e incluso por zonas cerradas como el ático, el garaje, el sótano y los armarios. Este tipo de movimiento se ha realizado a lo largo de los años, y es la forma en que muchas culturas antiguas limpiaban sus hogares y espacios sagrados. Recite una oración o cante un mantra para aumentar las vibraciones espirituales en su casa.

Cuando haya recorrido toda la casa, debería terminar donde empezó, en la puerta principal. Recite una última oración, mire su casa recién despejada e imagínela llena de luminosidad. Por último, diga sus deseos e intenciones una vez más antes de terminar el ritual.

Limpieza con incienso

Muchas culturas utilizan el incienso para limpiar la energía negativa de sus hogares. Algunas personas utilizan el incienso para proteger su nuevo local comercial, su coche u otros objetos para evitar que les afecte la mala energía y la desgracia. La limpieza con incienso implica la quema de material vegetal, como en el caso de la limpieza con fuego, pero también se utilizan plantas secas y resinas. El incienso se elabora con materiales naturales considerados sagrados. Entre ellos se encuentran el incienso, el sándalo y muchos otros que se enumeran más adelante. Estas plantas se consideran sagradas porque transfieren vibraciones energéticas a su espacio. Cuando quema incienso en su hogar, el humo lo purifica y difunde positividad y paz. Se utilizan con fines de protección, ya que bloquean la energía negativa que tiene vibraciones más bajas de su hogar.

Al igual que en el caso de la limpieza con sahumerio, la salvia blanca y otras hierbas también se utilizan en la limpieza con incienso. Puede combinar la resina con las hierbas con este método para producir un efecto mucho más potente. Además, utilice varillas de incienso que sirvan para el mismo propósito. El palo santo y la madera de áloe son inciensos de madera comúnmente utilizados en la limpieza. Hay algunas opciones populares de incienso, cada una con propiedades específicas.

La resina de copal es excelente para promover un buen flujo de energía. Ayuda a eliminar la energía obstruida en su casa y se cree que abre el chakra de la corona. La mirra se utiliza en la limpieza con incienso como potenciador del estado de ánimo, ya que promueve la positividad al aumentar las vibraciones energéticas. Siempre es una buena idea incorporar la mirra a cualquier incienso que se queme, ya que ayuda a amplificar su efecto.

El benjuí hace maravillas cuando se utiliza como incienso, ya que eleva el estado de ánimo y abre el chakra del corazón. Se recomienda utilizarlo siempre en momentos emocionales como cuando se atraviesa una ruptura o se pierde a un ser querido. El incienso se utiliza para limpiar su espacio y protegerlo de las vibraciones negativas. Ayuda a abrir su mente para recibir información de su subconsciente sobre sus vidas pasadas, por lo que es una opción perfecta para la limpieza y la meditación.

El palo santo puede utilizarse tal cual o en su forma de resina para devolver la positividad a su casa. Su nombre se traduce como "madera sagrada", por lo que se considera un material vegetal sagrado y suele utilizarse durante la meditación. El styrax se utiliza en la limpieza de incienso para la protección, y promueve explícitamente una influencia positiva en sus finanzas. Establezca sus intenciones para pedir riqueza y abundancia mientras quema este incienso en su casa o negocio.

Ahora, pasemos al incienso en barra. Todas las hierbas mencionadas en la fumigación pueden utilizarse como incienso. El sándalo promueve la fuerza y el poder y se utiliza sobre todo para aumentar la confianza y levantar el ánimo cuando se siente decaído. Un incienso similar es el ámbar, que aumenta la autoestima porque está conectado con el chakra del plexo solar.

La nag champa tiene efectos similares a los de la salvia blanca y es comúnmente utilizada por los practicantes de yoga, ya que lleva altas vibraciones que promueven vibraciones de limpieza y purificación. También ayuda a aumentar las vibraciones colectivas en su casa. El loto abre el chakra de la corona, como la resina de copal, y también ayuda a ponerse en contacto con el ser superior. Es perfecto para la meditación, ya que favorece un ambiente tranquilo y calmado. La lavanda tiene un efecto calmante y favorece la relajación, además de reducir la ansiedad. El pachulí también ayuda a traer la calma a su mente, ayudando a ponerlo en un estado de meditación. Es el incienso perfecto para quemar si tiene una mente poco clara.

Cuando realice una limpieza con incienso o una limpieza con sahumerio, le recomendamos que recite oraciones, cante mantras o simplemente exprese sus intenciones en voz alta. Si lo único que quiere es limpiar su espacio de energía negativa, simplemente diga: *"Invito a las vibraciones energéticas en mi casa y expulso las vibraciones negativas de mi casa".* Puede decir afirmaciones como *"Estoy tranquilo y todas mis preocupaciones se están disipando".* Diga lo que le parezca natural, pero tenga claro lo que quiere. Es esencial que se tome su tiempo en todo el proceso de limpicza porque debe ser consciente de lo que dice y hace durante los rituales de limpieza.

No hay un momento específico para limpiar su casa. Simplemente hágalo cuando sienta que hay energía estancada en su casa. Puede realizar un ritual de limpieza siempre que tenga gente en casa, especialmente si siente que su presencia ha traído vibraciones negativas a su casa. Es posible que quiera limpiar su casa cuando se esté recuperando de una cirugía mayor, de una enfermedad o de una angustia emocional. La limpieza de su casa en estos casos es como un borrón y cuenta nueva que le da a su mente, cuerpo y alma.

Cada sesión de limpieza depende del tamaño de su casa o del área que desee limpiar. Si siente que el humo es demasiado y está quemando sus sentidos, entonces es el momento de acortarla. Si siente que todavía hay áreas que necesitan ser limpiadas en su casa, entonces continúe el ritual por un tiempo más hasta que sienta que toda la casa está limpia de energía negativa.

Un consejo importante que hay que tener en cuenta cuando se quema incienso o se hace un sahumerio es permitir que el humo se lleve la energía negativa de la casa. No puede realizar el ritual en un espacio cerrado. Abra todas las ventanas para permitir que la mala energía salga y pueda sustituirla por energía positiva. También es aconsejable realizar un ritual de autolimpieza evitando que el bulto o el incienso se quemen alrededor de su cuerpo. Puede hacerlo incluso antes de limpiar su casa para obtener mejores resultados.

Limpieza del sonido

El sonido tiene un gran impacto en nuestras vidas, especialmente en el espíritu. Los diferentes sonidos desencadenan diversos efectos que primero percibimos emocionalmente, y resuenan en el cuerpo. Escuchar sonidos suaves le ayuda a sentirse más tranquilo y relajado, así que ponga música suave para ayudarle a distraerse. No es ningún secreto que los sonidos suaves tienen una frecuencia específica que promueve la calma y la limpieza, lo que limpia su espacio de la mala energía.

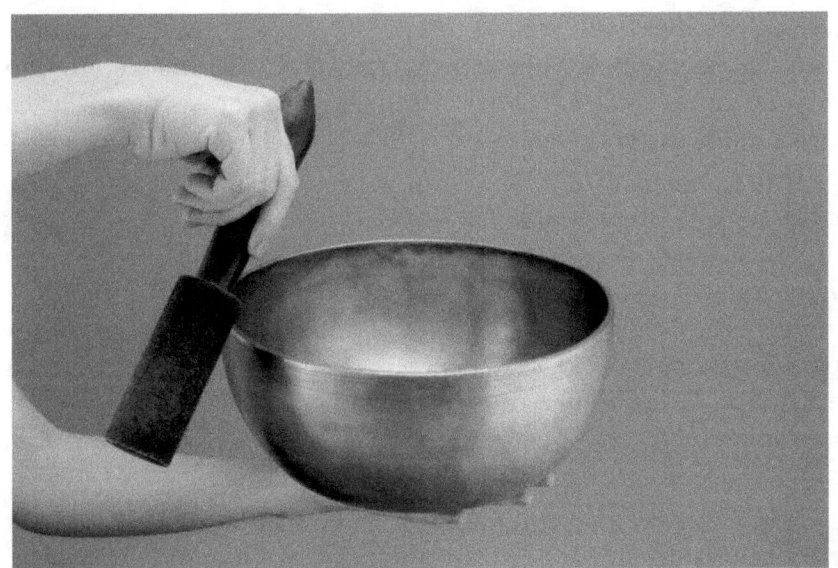

Desde la antigüedad, el sonido se ha utilizado en diversos rituales y prácticas de meditación para aportar paz y armonía a un espacio o comunidad. Diferentes instrumentos creaban sonidos específicos, como las campanas y los cuencos de cristal. Los cuencos de cristal o cuencos cantores se disponen en un conjunto, con cada cuenco afinado en una nota determinada. Se tocan juntos como un instrumento para componer una melodía armoniosa que promueve vibraciones calmantes. Esta experiencia se conoce como baños de sonido porque representa un baño intrínseco para su espíritu. Siente que los malos sentimientos que tiene son lavados al escuchar los encantadores sonidos de los instrumentos musicales.

Hay notas musicales específicas para la limpieza. Si aprende a realizar este tipo de limpieza, tendrá un impacto significativo en el proceso de limpieza del espacio en su casa. La limpieza con sonido es aún más poderosa que la limpieza con incienso y la limpieza con barro, y elimina eficazmente los bloqueos energéticos más difíciles, donde los otros métodos fallan.

En la limpieza de sonido se pueden utilizar algunas herramientas. Los cuencos cantores son una de las herramientas más poderosas en este tipo de limpieza porque ayudan a expulsar la energía estancada. Los cuencos metálicos son los más eficaces en los rituales de limpieza. Un mazo crea un sonido al golpear los lados o al dar vueltas alrededor del borde del cuenco. Esta última técnica produce un sonido duradero. Puede crear su propia melodía mientras se mueve por su casa y deje que el sonido resuene en su espacio. Dirija el sonido para que se mueva hacia arriba, hacia abajo y por todas las zonas de su casa.

Una campana es una opción popular en la limpieza de sonido, ya que puede simplemente hacer sonar una campana en su espacio de meditación para traer energía positiva a la habitación. Las vibraciones del sonido ayudan a romper la energía estancada y a impulsar la energía que queda en la habitación. Utilice los tambores para limpiar su espacio, ya que son perfectos para romper la energía estancada. Simplemente golpee el tambor en un patrón rítmico mientras camina en el sentido de las agujas del reloj alrededor de la casa.

Los cantos ayudan a rejuvenecer la energía de la casa y de su espíritu. Puede utilizar los cantos para alejar la energía negativa y restablecer el equilibrio en la casa. Además, utilice las palmas como ritmo cuando cante. Aplaudir es una técnica de limpieza, especialmente si no tiene otras herramientas. Lo más fácil es utilizar la voz y las manos para alejar la energía negativa de su casa y del espacio de meditación. Cante y aplauda mientras camina en el sentido de las agujas del reloj alrededor de la casa y asegúrese de que los sonidos que produce llegan a todos los rincones de su casa.

En este capítulo se han tratado algunos métodos utilizados para limpiar su espacio. Estas prácticas promueven la protección contra la energía negativa y ayudan al proceso de curación de cualquier trauma anterior. La limpieza de su espacio ayuda a reducir su ansiedad y le permite concentrarse en sus sesiones de meditación, que es la forma definitiva de acceder a sus registros akáshicos.

Capítulo 9: Cómo conectar con sus guías espirituales

Los guías espirituales nos rodean; nos envían mensajes, nos guían y nos protegen. Cuando está a punto de tomar una decisión y escucha una voz que le dice "no haga esto" o "es una mala idea", cree que esa voz es su instinto o una voz en su cabeza. Sin embargo, esta voz interior es su guía espiritual que le habla y le ayuda. Los guías espirituales son, como queda claro por su nombre, guías y ayudantes en forma de seres espirituales evolucionados que le ayudan, enseñan, sanan y protegen mientras navega por la vida. En otras palabras, los guías espirituales son muy similares al concepto de ángeles de la guarda.

El reino físico en el que existimos no es el único. Hay muchos otros reinos, incluido el reino superior. Como seres humanos, desconocemos por completo lo que ocurre en el reino superior, donde existen los espíritus y otros seres. Los guías espirituales se comunican con nosotros en el reino físico para ofrecernos la ayuda y la guía que necesitamos. Un guía espiritual fue una vez un espíritu normal que vivía en nuestra Tierra, pero ha terminado su viaje y encarnación. Han aprendido muchas lecciones a través de las muchas vidas que vivieron en nuestro reino, por lo que tienen una sabiduría inigualable y una perspectiva superior para ofrecernos consejo e iluminación una vez que nos conectamos con ellos.

Conectar con su guía espiritual requiere que usted fortalezca su sexto sentido, porque un sexto sentido elevado le hace más consciente del mundo espiritual. Todos tenemos guías espirituales que nunca se apartan de nuestro lado y están ahí para nosotros desde el día en que nacemos hasta que morimos. Hay algo muy reconfortante en la idea de que no estamos solos y que tenemos ayuda en las decisiones más importantes de la vida. Un guía espiritual puede mejorar su vida, y es bueno saber que no estamos pasando por este viaje solo. Su guía espiritual siempre está ahí, acercándose a usted, enviándole señales y empujándole a tomar las decisiones correctas.

Nuestros guías espirituales se dirigen a nosotros de diversas maneras. Quieren ayudarnos y siempre intentan llegar a nosotros. Descubrir sus métodos de comunicación le permite recibir sus mensajes y beneficiarse de su orientación. Su guía espiritual puede enviarle un mensaje a través de un sueño, conectarse mientras medita, hablarle utilizando su intuición o su instinto, o enviarle señales claras. No existe la casualidad, así que si lucha con una decisión y sueña o ve una señal en la calle relacionada con esta decisión, preste atención. Su guía espiritual está tratando de decirle algo. A veces también puede sentir el impulso de hacer algo o de actuar de una manera determinada, pero no entiende muy bien por qué: es su guía espiritual que le da un empujón en la dirección correcta.

Seguro que ya ha sido contactado por su guía espiritual y se ha beneficiado de su ayuda o protección, aunque no sea consciente de ello. Aunque su guía espiritual siempre está ahí y dispuesto a ayudar, la comunicación con él no es fácil para todos. Sin embargo, ser más espiritual le permite conectar con su guía espiritual. Aunque piense que es demasiado trabajo, vale la pena tener una relación con su guía espiritual. Ellos han vivido durante cientos o miles de años y han vivido muchas vidas diferentes. Además, han estado con usted desde el día en que nació, por lo que le conocen más que nadie, lo que les hace estar mejor equipados para aconsejarle. Para beneficiarse de la sabiduría y la guía de su guía espiritual, debe averiguar cómo conectar con ellos.

Cómo conectar con su guía espiritual

Prepara el ambiente

Necesita crear un espacio sagrado para conectarse con su guía espiritual. Es un paso muy importante que no debe saltarse, especialmente si es la primera vez que se acerca a un guía espiritual. Vivimos en un mundo acelerado, lleno de muchas distracciones y ruido. Para dejar de lado el mundo exterior y centrarse en el interior, hay que ser consciente del aquí y el ahora. Centrarse en el interior le permitirá llegar al reino superior donde existe su guía espiritual para poder comunicarse con él. Puede crear el ambiente necesario sentándose en un lugar tranquilo y cómodo, encendiendo una vela y atenuando las luces. El uso de cristales también puede ayudar a crear el ambiente.

Despejar sus pensamientos

Despejar sus pensamientos es un paso crítico para conectarse con sus guías espirituales. Necesita despejar sus pensamientos y concentrarse únicamente en contactar con su guía espiritual y en lo que quiere preguntarle. Este paso facilitará la evocación de los guías espirituales adecuados para las decisiones con las que está luchando.

Practicar métodos de relajación

Después de establecer el estado de ánimo y despejar su mente, viene la relajación. Su cuerpo y su mente deben estar relajados, y solo debe concentrarse en su respiración. No piense demasiado en lo que está haciendo ni se preocupe por lo que sentirá una vez que establezca la conexión con su guía espiritual. Es difícil anticipar cómo o qué se sentirá esta experiencia, especialmente la primera vez. Puede ser una conexión fuerte o muy sutil. Sin embargo, con el tiempo su conexión se profundizará y se hará más fuerte. Por ahora, limite sus expectativas, déjese llevar y disfrute de la experiencia.

Sentir su energía

La relajación le permite centrarse y sentir la energía de cada parte de su cuerpo. Necesita sentir todo lo que le rodea; y que es uno con la tierra y la luz. Deje que la luz lo atraviese hasta que llegue a su chakra de la raíz y a cada parte de usted. Ábrase a la luz y a la energía que le rodean y deje que le eleven.

Cantar

Para elevar sus vibraciones y armonizar su energía con los espíritus, debe intentar cantar. Cantar el sonido "om" unas cuantas veces hará que coincida con lo divino y abrirá un portal.

Atravesar el Portal

Ahora, comenzará a sentir algo diferente en el fondo. Es la luz de su cuerpo que se enciende para atraer a su guía espiritual. Manténgase enfocado en esta luz, ya que representa su espíritu puro. Imagínese atravesando un portal que le lleva a una dimensión diferente. Este "portal" tendrá un aspecto diferente para cada persona; algunos lo verán como una puerta, mientras que otros verán un paisaje. Después de atravesar el portal, sentirá que el universo se expande a su alrededor, lo que significa que está preparado para conectar con su guía espiritual. Llámelos e invítelos a unirse a usted. Si no le da a su guía espiritual permiso explícito para unirse a usted, no se comunicará consigo. Su permiso es imprescindible.

Recibir el mensaje

Usted y su guía espiritual están ahora conectados, y están listos para enviarle mensajes para guiarle. Sin embargo, no debe esperar que estos mensajes sean claros o en blanco y negro. El mensaje puede venir en forma de un olor, una visión, un sentimiento o un pensamiento. Por esta razón, necesita estar extremadamente concentrado y en sintonía con sus sentimientos porque puede recibir mensajes de muchas formas inesperadas.

Pedir una señal o un mensaje

Naturalmente, quiere sentirse seguro de su conexión con su guía espiritual. Por lo tanto, acostúmbrese a pedirles señales para confirmar que están con usted y reafirmar su fe en ellos. Si se lo pide de forma cariñosa y amable, le complacerán. Además de tranquilizarle, aproveche su conexión con ellos y pídales que le envíen mensajes para guiarle o aconsejarle en cualquier decisión que le resulte difícil. Recuerde que su guía espiritual siempre está dispuesto a ayudar, y a veces todo lo que tiene que hacer es pedirlo.

Regresar

Una vez que reciba su mensaje o señal, debe regresar al reino físico. Es crucial que regrese de la misma manera que atravesó el portal. Si tiene dificultades para regresar, pida a su guía espiritual que le muestre el camino. Al emprender su viaje de regreso, debe asegurarse de no dejar ningún trozo de su alma atrás. Tómese su tiempo para volver a su cuerpo por completo.

Esto puede significar cosas diferentes para cada persona. Algunos prefieren sentarse en silencio y concentrarse en su respiración mientras lo asimila todo. Algunos se centran en su energía y en el cambio que han experimentado. Mientras tanto, otros prefieren practicar la postura del niño, también conocida por su nombre en sánscrito, Balasana, que se considera una postura reparadora con propiedades calmantes.

Después de cada encuentro, se sentirá diferente como resultado de haber logrado una conexión con el mundo espiritual. Haga cosas normales de la vida cotidiana, como comer o dar un paseo, para volver a ser el mismo de siempre.

Haga un hábito de visitar y conectar con su guía espiritual todos los días. No acuda a ellos solo cuando necesite su orientación, sino que demuestre su gratitud y fortalezca su relación con ellos. Comunicarse con su guía espiritual es importante si quiere acceder a sus registros akáshicos. Sus guías espirituales le enseñarán a confiar en su vista, su oído y sus sentimientos. Cuando acceda a sus registros akáshicos y haga una pregunta, su guía espiritual será quien le ayude a leer sus registros y a descubrir su verdad. Le darán respuestas hablándole, enviándole imágenes, haciéndole sentir o *sabiendo* instintivamente ciertas cosas. Si tiene problemas para interpretar estos mensajes, su guía espiritual le guiará a través de ellos.

Como hemos mencionado, hay diferentes guías espirituales. Para fortalecer su relación con su guía espiritual, necesita entender con qué tipos de espíritus está tratando de conectarse. Dado que cada persona puede tener más de un espíritu guía, es seguro que varios espíritus le están guiando.

Tipos de guías espirituales

Ángeles

Hay tres tipos de ángeles: los ángeles de la guarda, los arcángeles y los ángeles ayudantes. ¿Sabe que algunas personas suelen decir que su ángel de la guarda le ha salvado? Resulta que esto no es solo una metáfora. Los guías espirituales vienen en forma de ángeles de la guarda, y tiene más de un ángel de la guarda ayudándole y guiándole. Siempre que necesite asistencia, busque la ayuda de su ángel de la guarda. Independientemente de su fe o religión, los ángeles de la guarda no discriminan y están dispuestos a ayudar a todos, ya que aman a todas las personas por igual. A cada persona se le asigna un ángel de la guarda desde su nacimiento.

En el mundo de los ángeles, los arcángeles son considerados líderes con una presencia y energía muy poderosas. Cuando un empático se conecta con un arcángel, inmediatamente siente que la energía de la habitación se ha alterado. Hay diferentes arcángeles, y cada uno tiene un nombre y una especialidad. Por ejemplo, Rafael, el sanador, puede ayudar a sanar su cuerpo, mente y espíritu. También hay un arcángel llamado Gabriel el mensajero, cuya especialidad es enviarle mensajes claros.

El último tipo de ángel es el ángel ayudante. Su trabajo es encontrar a los humanos que necesitan ayuda y ofrecerles asistencia en ciertas situaciones, como ayudarle a hacer nuevos amigos o a encontrar un nuevo trabajo.

Animales espirituales

Los guías espirituales también vienen en forma de animales espirituales. Hay tantos tipos de animales espirituales como animales, cada uno con una lección que enseñar. Por ejemplo, si tiene problemas de autoestima, un pavo real será su animal espiritual para guiarle a tener más confianza en sí mismo. Un animal espiritual también puede ser una mascota fallecida que se convierte en su guía espiritual. Su animal espiritual se le aparecerá por primera vez en un sueño o en el patio de su casa.

Maestros ascendidos

Un maestro ascendido fue una vez un ser humano que vivió en nuestro mundo y llevó una vida espiritual como la Madre María o Buda. Ahora que su viaje en el mundo físico ha terminado, sirven como líderes en el mundo espiritual para guiarnos y enseñarnos. Todos los maestros ascendidos trabajan juntos como una unidad a pesar de su religión o fe cuando una vez vagaron por el mundo físico.

Los seres queridos fallecidos

Siempre es un pensamiento reconfortante cuando alguien nos dice que nuestros queridos difuntos nunca se han ido realmente. Cuanto más lea y aprenda sobre los guías espirituales, más descubrirá que esto es cierto. Aunque las personas que nos amaron y fallecieron ya no están con nosotros, su amor aún permanece. Un miembro de la familia o un amigo que haya fallecido puede seguir queriendo estar a su lado y guiarle eligiendo ser su guía espiritual. Pueden mostrar su amor, apoyo, protección y guía de forma auténtica desde el cielo. Por ejemplo, pueden salvarle de una mala relación o ayudarle a fortalecer las buenas. Incluso los miembros de la familia que no conocimos y que fallecieron pueden elegir ayudarnos y guiarnos.

Además de sus seres queridos, cualquier persona fallecida puede ser su guía espiritual si cree que puede beneficiarse de su sabiduría. Por ejemplo, si es médico o quiere serlo, su guía espiritual podría haber sido médico cuando estaba vivo para guiarle e inspirarle en su camino.

Nuestros ancestros

La conexión con nuestros ancestros es muy profunda. Aunque todos estamos conectados de más de una manera, los vínculos ancestrales pueden ser un tipo especial de conexión. Pueden ser nuestros fieros protectores dispuestos a proporcionarnos guía y sabiduría. Por esta razón, cuando establezca la comunicación con sus guías espirituales, conecte primero con sus antepasados. Ellos le ayudarán a mostrar el camino y, en muchos casos, pueden ser los que le traigan el mensaje que necesita escuchar.

Mantenga sus ojos, oídos, alma y mente abiertos. Los guías espirituales están a nuestro alrededor, enviando señales y mensajes. Solo necesita reconocerlos para recibir estos mensajes. Sin embargo, vivir una vida agitada y llena de distracciones hace que estos mensajes sean más oscuros. Por lo tanto, mantenga siempre los ojos y la mente abiertos para recibirlos. Sea consciente del momento en el que vive, ya que esta conciencia hace que sea fácil notar las señales que le rodean y escuchar las voces que intentan hablarle. Esté siempre atento a las señales, especialmente cuando más las necesite. Por ejemplo, le han ofrecido un trabajo en otro estado y está contemplando la posibilidad de mudarse o no. Necesita mantener los ojos abiertos para que sus guías espirituales le empujen hacia la decisión correcta. Por ejemplo, si el trabajo es en Nueva York, es posible que le den un libro sobre Nueva York o que oiga a un amigo que le diga lo estupendo que es vivir en Nueva York. Incluso puede recibir un mensaje claro al ver un anuncio que diga: "Ven a Nueva York". Hay mensajes y señales por todas partes a su alrededor. Sus guías espirituales siempre intentan comunicarse con usted, así que no descarte algo como imaginación o coincidencia. Escuche su intuición o esa pequeña voz en su cabeza. Si está luchando con una decisión y ha visto una señal en la calle o un amigo le dice algo que le parece útil, no lo ignore. Es su guía espiritual que se comunica con usted. No está solo en este viaje. Está guiado y apoyado, así que abra sus sentidos y entréguese a sus guías espirituales.

Capítulo 10: Identificar sus intenciones

Si pregunta en Google cómo puede acceder a los registros akáshicos, se encontrará con cientos de miles de resultados. La mayoría de ellos serán profesionales de YouTube y programas de hipnosis que afirman ayudar a los espectadores a acceder a los registros akáshicos o a trascender a los salones sagrados extraterrestres.

Las personas capaces de acceder a estos registros pueden entrar en contacto con ángeles, guías y otras fuerzas que trabajan entre bastidores. Muchas personas explican que acceder a los registros akáshicos es un medio de canalización, aunque otras informan de que prácticamente solo reciben información a través de sus sueños.

En cuanto la gente entiende los registros akáshicos, muchos esperan desplazarse por sus vidas al acceder a estos registros. Sin embargo, por lo que han explicado quienes han accedido a los registros, parece que cada individuo experimenta algo diferente. Condiciones similares a las de un templo, imágenes de guías, instrucciones o mensajes audibles, e incluso una proyección de la vida pasada de uno, son algunas de las experiencias que la gente ha reportado. Esto significa que cada individuo ve, oye o siente algo único y significativo para él.

El punto detrás de los registros akáshicos y la lectura es llegar a la fuente principal. Le permite identificar el problema central con el que está luchando o donde comenzaron todos sus problemas. Esto es necesario para asegurar que sanes tan profunda y profundamente como debería. Existen múltiples capas de creencias, integración, miedo y percepción. Su experiencia depende en gran medida de su capacidad para enfrentarse a determinados miedos o entrar en contacto con sus limitaciones.

Mientras que muchas personas pueden acceder a los registros akáshicos en su primer intento, otras pueden tener que seguir intentándolo durante semanas o incluso meses antes de conseguirlo. Por lo tanto, siempre es mejor abordar los intentos sin ningún tipo de expectativas. Según los practicantes, ser persistente y dedicado, y ver el fracaso como una lección recurrente, puede dar grandes resultados al final. Al igual que la experiencia de cada persona varía, no hay una única forma de acceder a los registros. Al leer varias publicaciones en blogs, artículos y libros, al hablar con muchos practicantes o al ver varios vídeos en YouTube, se dará cuenta de que existen innumerables métodos que le permiten acceder a los registros akáshicos. Sin embargo, todavía necesita saber que muchas de estas técnicas tienen principios fundamentales similares.

Independientemente del método que decida utilizar, siempre debe tener claro lo que quiere saber. Tal vez esté buscando una información específica, o tal vez solo esté explorando o navegando. No importa cuál sea su motivo, necesita tener intenciones definidas y claras, como "Quiero aprender sobre mi vida pasada", "Quiero verificar la existencia de los registros akáshicos" o "Quiero explorar el reino de los registros". Piense en las preguntas que quiere hacer o en las respuestas específicas que busca. La identificación y el establecimiento de sus intenciones son la clave de su éxito a la hora de acceder al reino, y por eso necesita dedicar todo el tiempo que le lleve el proceso. Escribir sus pensamientos puede ser de gran ayuda. No recibir una respuesta no significa que haya establecido intenciones erróneas o que haya hecho las preguntas equivocadas. No hay una forma correcta o incorrecta de acceder a los registros. Simplemente ocurre que puede preguntar algo y no recibir una respuesta a cambio. Cuando esté preparado, es el momento de meterse de lleno en el asunto. Aunque no los conozca, pida a sus guías que le guíen en este viaje.

En este capítulo se explica por qué es tan importante identificar con precisión lo que quiere obtener al acceder a los registros akáshicos. Si todavía no está seguro, la lectura de este capítulo puede ayudarle a identificar sus intenciones y también a aprender a establecer su intención en función de su razonamiento.

La importancia de la intención

Para entender la importancia de la intención para acceder a los registros akáshicos, hay que darse cuenta del poder que hay detrás de la intención en general. Nos resulta muy difícil atribuir un significado específico a la palabra "intención". La intención puede significar muchas cosas y aplicarse a numerosos casos y escenarios. Sin embargo, si tenemos que definirla, "comprometerse a adquirir algo o actuar de una determinada manera" sería una gran interpretación de la palabra.

Digamos que le preocupa que algo no vaya en la dirección que pensaba. Por ejemplo, si está de camino a comprar la camisa que vio y de la que se enamoró inmediatamente mientras miraba el escaparate, puede preocuparle que ya se haya agotado. Sin embargo, cuando trabaja con intenciones, el flujo de los acontecimientos difiere ligeramente. Establecer una intención significa que se está preparando para tener y actuar. Estar preparado es casi sinónimo de estar seguro de que algo va a ocurrir. En otras palabras, ¿por qué iba a prepararse para algo que sabe que no va a ocurrir? Creer en su intención puede ayudarle a obtener los resultados que desea porque influye en su subconsciente, alineándolo con la frecuencia de su intención, incluso si su intención es trabajar con sus guías o ángeles. Necesita darse cuenta de que el verdadero poder reside en su subconsciente, que es alimentado por su intención.

Cuando se accede a los registros, siempre hay que buscar la calidad en lugar de esperar la exactitud, porque las energías cambian considerablemente, lo que hace imposible precisar todos los detalles. Si quiere una experiencia de calidad, usted (y quien le ayude) debe tener intenciones puras y estar presente. Tiene que tener la mente y el corazón abiertos. Significa que tiene que tener valor, discernimiento, confianza, humildad y estar contento de descubrir cosas nuevas. El entorno general y su estado interior deben ser tranquilos y pacíficos.

La intención es un aspecto fundamental en cualquier tipo de trabajo energético, especialmente en las lecturas del registro akáshico, ya que la lectura o experiencia se alimenta de las preguntas e intenciones del individuo. Si quiere calidad, debe comenzar siempre con la intención.

Intentar explorar los registros sin intenciones deja a sus guías en suspenso. Aunque no quiera hacer esto, tener intenciones puras es mucho mejor que simplemente tenerlas claras. Por lo tanto, si va a visitar a un lector o practicante, debe asegurarse de que su flujo y sus interpretaciones no se verán empañados por sus opiniones, juicios y preconceptos. Establecer su intención le ayuda a darse cuenta de si está realmente preparado para profundizar en sus problemas y lograr una sanación profunda.

Esto, por supuesto, no significa abandonar cuando las cosas no van según el plan. Establecer una intención no es como planificar un itinerario. Es un estado mental. Tiene que hacerse aceptando el hecho de que, a veces, su viaje puede llevarle a donde necesita ir en lugar de a donde quiere ir o a donde esperaba ir. Esto, en particular, suele aplicarse a las personas que solo se sienten seguras cuando tienen el control de su entorno. Si esto ocurre, céntrese en lo que es y no en lo que "debería haber sido", y confíe en el viaje y, sobre todo, en usted mismo.

Establecer sus intenciones

Establecer su intención no es algo fácil de hacer, sobre todo si no está seguro de su posición actual en la vida, de lo que le gustaría dejar de hacer en la dirección que lleva y de dónde le gustaría estar. En este caso, es más fácil dirigir su enfoque hacia una dirección específica o un problema u obstáculo particular.

Esto requiere que haga una búsqueda interior y una reflexión. ¿Hay algo que le gustaría aprender sobre sí mismo? ¿De qué se trata? Piense en dónde principalmente aprende sus mayores y más fuertes lecciones. ¿Ha notado un patrón en las situaciones, personas, lugares o problemas que le enseñan estas lecciones? Reflexione sobre los aspectos en los que puede beneficiarse de una mayor apertura de sí mismo. ¿Cómo puede hacerlo? Por último, tiene que pensar en todo lo que debe y quiere soltar.

Una vez que tenga respuestas sólidas, podrá establecer sus intenciones. Utilice afirmaciones como "Quiero soltar...", "Quiero hacer/incorporar...", "Quiero aprender..." y "Quiero que mi paso futuro sea...". Cada pocos días o cada semana, eche un vistazo a sus respuestas, a sus declaraciones de intenciones, a lo que ha conseguido hasta ahora y a dónde va. Nuestras intenciones cambian constantemente, lo que significa que puede beneficiarse de repetir este proceso tantas veces como quiera para ayudarle a identificar y establecer sus intenciones de forma consciente.

Cómo hacer la intención

Como recordará, la intención es lo contrario de la preocupación y la vacilación. Se trata de conseguir que su energía se alinee instantáneamente con las cosas que desea. Entonces, ¿cómo puede hacerlo?

Las preguntas mencionadas anteriormente pueden ayudarle a tener una idea más clara de lo que quiere averiguar. No saber qué buscar puede otorgarle información que no es de su interés. Por ejemplo, su verdadero propósito puede ser lograr el equilibrio interno y, sin embargo, usted pregunta cómo puede atraer una pareja a su vida.

También necesita mantenerse alineado con la información que está buscando. Puede hacerlo comprendiendo cómo funcionan los registros akáshicos y teniendo fe en que adquirirá todas las respuestas. Necesita creer verdaderamente que todo lo que busca se hará realidad con cada parte de su ser. Tenga en cuenta que no debe confiar en trascender al reino del registro para recibir estas respuestas, lo que significa que debe estar atento a las fuentes físicas de información, como vídeos, libros e imágenes.

Por último, tiene que estar dispuesto a aceptar, abrirse y ser receptivo. Establecer su intención requiere que sea positivo y esté seguro de que las respuestas y la información que busca ya son suyas. Necesita dejarse llevar y esperar a que el universo o los poderes superiores le ofrezcan las respuestas. A cambio, tiene que ser receptivo porque probablemente solo recibirá respuestas a través de su intuición, a menos que tenga mucha experiencia con los registros akáshicos o tenga habilidades psíquicas. No busque sus respuestas conscientemente porque siempre llegarán cuando menos lo espere. Sus respuestas surgirán de su subconsciente, o aparecerán a través de un recurso físico, como mencionamos cuando esté participando incluso en las actividades más mundanas. No necesita buscar información de forma activa. En su lugar, todo lo que necesita hacer es mantener un ojo abierto, un corazón abierto, y permanecer receptivo. Si necesita esforzarse para encontrar la respuesta que busca, esto es algo que su intuición también le hará saber. En cualquier caso, cuanto más instruido esté en un tema, más probable será que capte las señales o se relacione con la nueva información sobre el asunto. Si no está lo suficientemente informado sobre el tema, ¿cómo podrá identificar las señales?

Puede ser un reto determinar si está realmente comprometido con su intención. El compromiso es vital porque le permite recibir una guía más específica en su viaje. Necesita darse cuenta de si sus intenciones son solo deseos y esperanzas o están basadas en la decisión. Si están llenas de nada más que esperanza, nunca recibirá una guía precisa y adecuada.

Ayuda a recordar que uno es responsable de crear y dar forma a su propia experiencia. Muchas personas esperan que su intuición y sus guías tomen las riendas, olvidando que su voluntad es la fuerza motriz de la vida, incluso con los recursos espirituales en los que se apoyan para obtener ayuda. Antes de buscar orientación, necesita preguntarse hasta qué punto está comprometido con sus intenciones. Necesita determinar si está listo para dar pasos hacia adelante, posiblemente cambiar varios aspectos de su vida, y salir de su zona de confort. Todos estos son aspectos que le ayudarán a manifestar la vida que desea.

Algunas personas están más "comprometidas" con las intenciones que les resultan fáciles. Solo se comprometen si no tienen que dedicar mucho tiempo y esfuerzo ni cambiar nada en sus vidas. Un sinnúmero de personas luchan por recibir una guía e información clara, pensando que aún no han conectado con su intuición. Lo que no se dan cuenta es que el principal problema es su propio nivel de compromiso.

Establecer sus intenciones es una faceta vital para acceder a los registros akáshicos. Es fundamental para varios métodos y técnicas de sanación energética. No es fácil identificar sus intenciones, especialmente cuando no es consciente de su posición actual en la vida y de dónde le gustaría estar. Sin embargo, si averigua las cosas que quiere descubrir, se alinea con la información que está buscando y se muestra abierto, receptivo y dispuesto a aceptar, podrá establecer sus intenciones con éxito.

Capítulo 11: El método de la oración

Ahora que se ha familiarizado con el concepto de los registros akáshicos y ha aprendido a preparar su mente y su cuerpo para recibir su sabiduría, ha llegado el momento de que se adentre en el lado práctico de forjar su camino hacia el akasha. Este capítulo discute el método más popular para abrir los registros, y es a través de la oración. Tener una oración de apertura y otra de cierre es una parte crucial de este proceso, y aquí se proporciona un ejemplo para cada una. También aprenderá sobre los beneficios de utilizar este método y modificarlo para que se ajuste a sus creencias y propósitos.

Los beneficios del método de la oración

Como ha supuesto en el capítulo anterior, abrir los registros akáshicos requerirá que se encuentre en un estado relajado con su mente enfocada en su intención. Se trata de cambiar su estado de conciencia a un lugar donde se abra a recibir información de una dimensión superior. Este cambio debe ser sutil y no debe ser forzado o urgido de ninguna manera. El método de la oración es una forma sencilla pero eficaz de facilitar este cambio. Además, su éxito en el acceso a la información relacionada consigo mismo depende de su capacidad para confiar en su intuición. Utilizar sus instintos como guía para alcanzar el akasha requiere un enfoque único que proviene de un estado de amor propio. Además, cuando se prepara para una sesión, debe asegurarse de que sus emociones estén equilibradas. Uno de los mayores obstáculos que puede encontrar durante este proceso es lidiar con un cúmulo de emociones negativas. Es posible que tenga una sensación de urgencia por encontrar la respuesta a una pregunta apremiante o que esté desesperado por aprender más sobre sí mismo, o incluso puede temer lo que descubrirá en sus registros. Desgraciadamente, al vacilar en su mente durante la sesión, estas emociones de duda pueden limitar su capacidad para recuperar las respuestas que busca. Por lo tanto, ceder a ellas será contraproducente para su propósito, ya que si deja que sus pensamientos y sentimientos negativos prevalezcan, no podrá centrarse en expresar el amor a través de su intención. Recitar una oración para abrir sus registros akáshicos le ayudará a enmarcar su mente para recibir la guía amorosa adecuada de su ser interior.

Si no está familiarizado con las oraciones o no las utiliza habitualmente, es probable que este proceso le resulte difícil. Dependiendo de su sistema de creencias, puede estar condicionado a ver las oraciones como una forma de pedir algo, ya sea que busque la ayuda de una deidad, un líder espiritual o cualquier otra entidad, normalmente es una fuerza fuera de usted. Sin embargo, hacer esto le inculcará una mentalidad codependiente, de la que depende y que le conduce hacia el resultado deseado. Es problemático porque no le permite explorar su propio poder. Después de todo, si sigue pidiendo ayuda a los registros, ¿cómo sabrá de lo que es capaz? Para abrir con éxito sus registros akáshicos, debe considerar la oración como una manifestación de su intención. Utilizar su voz para dar vida a sus deseos es una forma mucho más productiva de utilizar la oración. Centrar su mente en sus deseos instintivos le da el poder de recoger todas sus ideas y manifestarlas según sus deseos. A través de esto, se convierte en el cocreador de su destino - algo que la apertura y la lectura de sus registros akáshicos definitivamente requerirá que usted sea.

Por otro lado, si ha oído hablar de oraciones que utilizan los psíquicos de forma poco habitual, puede pensar que se trata de una forma de adivinación. Sin embargo, el registro akáshico solo debe servir de guía cuando no estés seguro de qué dirección tomar en la vida. La sabiduría que se desprende de ellos funciona mejor si está inspirado para recibirla. ¿Qué mejor manera de crear una atmósfera motivadora que aprovechar sus creencias espirituales con una oración? Conectar con la espiritualidad puede significar cosas diferentes para cada uno de nosotros. Puede pensar que se trata de expresar amor, de ver la bondad en usted y en los demás, de encender el poder que reside en su alma o de convertirse en uno con una deidad de su elección. Sea cual sea la dirección que tome su sistema de creencias, lo único que importa es que descubra la energía que le permite conectar con el akasha y abrir sus registros.

Lo mejor de los registros akáshicos es que no necesita un psíquico o un lector para abrirlos, y tampoco necesita convertirse en uno. Cada uno de nosotros tiene la capacidad de tomar conciencia de nuestros pensamientos, acciones, emociones y alma. Con una oración, descubrir la sabiduría de todos los universos y su conexión con ellos está solo a un paso. Así que, si está listo para empoderarse con la conciencia espiritual a través del akasha y transformar su vida, siéntase libre de utilizar las oraciones a continuación.

Oraciones para abrir y cerrar los registros akáshicos

Antes de comenzar la oración, tiene que entrar en un estado mental cohesivo a través de su método de relajación preferido. Es una buena idea hacer esto cuando esté solo para no ser molestado durante el proceso. Permítase al menos 30 minutos de paz y tranquilidad para su primera sesión. A medida que su espiritualidad avance, podrá afinar cada vez más sus preguntas, lo que le permitirá obtener las respuestas entre 10 y 15 minutos como máximo.

También se recomienda preparar de antemano las preguntas que quiere hacer a los registros. Abrir los registros puede ser una experiencia confusa, e incluso puede olvidar lo que está buscando. Si esto sucede, no recuperará la sabiduría que necesita, y todo el buen trabajo que hizo concentrándose en su intención durante la oración se echará a perder. Escriba sus preguntas en un papel para poder leerlas cuando haya abierto los registros. Se recomienda comenzar con una o dos preguntas para la primera sesión y, cultivando su sabiduría, podrá ampliar poco a poco su lista. La intención se volverá mucho más transparente, y la práctica le permitirá omitir la escritura de sus preguntas y formarlas cuando se prepare para la oración.

También debe preparar un bolígrafo y un papel en blanco: los necesitará para anotar las respuestas que reciba. Cuanta más información obtenga en una sesión, más fácil le resultará acceder a los registros la próxima vez. Anotar todo lo que escuche, vea o sienta durante el proceso ayuda a evitar que se olvide un dato esencial y que se pierda la oportunidad de aprender más sobre uno mismo.

Cuando se sienta preparado, respire profundamente y comience a atraer toda la energía posible a través de sus pensamientos y su voluntad para manifestar su ser superior. Puede optar por cerrar los ojos si siente que le ayuda a concentrarse, pero si se siente más cómodo manteniéndolos abiertos, siéntase libre de hacerlo. También puede colocar la mano sobre su cuerpo como recordatorio para concentrarse en su ser interior. Si está trabajando con una deidad o un espíritu, ahora es el momento de invitarlos. Ahora puede recitar la siguiente oración de apertura en voz alta:

Reconozco las fuerzas del Universo y sus espíritus

Les pido dirección, guía y aprender la verdad

Deseo saber lo que puedo hacer

Para que pueda ser protegido de mi ego

Para que se revele en la forma del bien superior

Vengo de un lugar de amor y compasión

Mientras me mantengo conectado a todo lo que me rodea

Los guardianes del registro me ayudaron a aprender todo sobre (su nombre) de los registros akáshicos.

Así, puedo ver a (su nombre) a través del acceso de mis guías, mis seres queridos, pasados y presentes.

Y compartir la sabiduría y la compasión que ahora obtengo con todos los que lo merecen.

A partir de este momento, todo lo que oigo, veo y siento es un mensaje destinado a (su nombre).

Mis registros akáshicos están ahora abiertos.

Repita toda la oración dos veces más en silencio para asegurarse de que su intención resuena claramente. Cuando llegue a akasha, puede que se sienta un poco incómodo al principio. Déjese un tiempo hasta que pueda sentir la energía positiva que le rodea. Describa para sí mismo lo que ve, oye o siente. Esto le ayudará a recordar que debe canalizarlo la próxima vez que abra sus registros a través de la oración. Pase a hacer las preguntas que preparó previamente. Espere hasta que reciba la respuesta, y esté preparado para recibirla en la forma que sea. Una vez que sienta que ha obtenido suficiente inspiración, guía o respuestas a todas sus preguntas, puede proceder a cerrar los registros.

Para ello, necesitará recitar la siguiente oración de cierre.

Estoy agradecido a los espíritus ancestrales, a mis guías y al universo por la sabiduría que me han otorgado hoy.

También agradezco la ayuda de los guardianes de los registros al permitirme abrir mis registros y acceder a su información.

Prometo utilizar este conocimiento únicamente con el propósito de un bien superior.

Mis registros akáshicos están ahora cerrados.

Repita esta oración dos veces más en su mente como lo hizo con la oración de apertura.

Asegúrese de utilizar su nombre legal actual en las oraciones cuando utilice este método por primera vez. Esto ayudará a los guardianes de los registros a localizar su información. Una vez que se haya familiarizado con Akasha, puede sustituir su nombre por la palabra "mi/mí mismo".

La primera parte de la oración de apertura consiste en crear un espacio sagrado recurriendo a su espiritualidad. Después de manifestar su intención, esta es la segunda parte más importante de la oración. Se abrirá a todas las formas de energía, algunas de ellas procedentes de diferentes universos. Crear un lugar sagrado le ayudará a definir el tipo de energía con la que entrará en contacto durante la sesión. También puede establecer los perímetros de cómo desea comprometerse con esta fuente de sabiduría universal.

La segunda parte sirve para aclarar aún más cuáles son sus intenciones. Aquí es donde determina lo que quiere conseguir y cómo. Si tiene algún requisito específico para recibir la información, puede definirlo ahora. Por ejemplo, puede elegir la duración del mensaje. Cuanta más información solicite, más tiempo tardarán los responsables del registro en traducirla.

La tercera parte se refiere al punto de partida. Al igual que con todos los métodos de exploración espiritual, el mejor lugar para comenzar su viaje es dentro de usted mismo. Por sí mismo, se entiende que utilizará su corazón y no su mente. La espiritualidad proviene de las emociones, no de sus pensamientos, así que es lógico que se apoye en su corazón. Aproveche el amor, la compasión y todos sus otros sentimientos positivos al recitar esta parte.

Por último, mencione quién le entregará el mensaje. Los guardianes del registro tienen un papel tremendo en la recuperación y traducción de la información que está buscando.

Honrar a estos seres en su oración los animará a trabajar para usted con mayor eficacia.

La oración final tiene el propósito de restaurar su conciencia a su estado normal. Sirve como un período de transición que ayuda a su mente y cuerpo a ajustarse a las emociones y pensamientos mundanos en lugar de los elevados que experimenta en el estado iluminado. Durante este tiempo, la mayor parte de la pérdida de memoria se produce sobre lo que sucedió a lo largo de su sesión. Para evitar esto, deberá tener mucho cuidado. Tomar un par de respiraciones profundas suele ayudar a superar con calma este periodo de adaptación.

Aunque esto pueda parecer una oración corta, tiene esta duración por una razón. Está diseñada para ayudar a los principiantes a centrarse en su intención reduciendo las opciones. Naturalmente, si quiere incluir otra intención, es libre de hacerlo. Por ejemplo, si le resulta difícil interpretar los mensajes, puede pedir un mensaje específico que pueda validar. Puede tratarse de un color, un sonido o una sensación específica que reconozcas y con la que se identifique. Siempre que sirva de filtro adecuado para comprender la sabiduría universal, puede utilizarlo en su oración. Sin embargo, al principio, los mensajes pueden ser confusos, independientemente del medio por el que los reciba.

Otra parte crucial del éxito de la oración es reconocer que todo lo que percibirá durante su sesión es parte del mensaje que está destinado a recibir. Recuerde que la sabiduría del registro akáshico puede llegar a usted de muchas formas. Su energía puede entrar en su cuerpo o en cualquier objeto que le rodee. Por lo tanto, todo lo que ocurra durante la sesión debe ser aceptado como si viniera de los registros. Puede tener la tentación de cuestionar los sonidos que oye o los síntomas físicos que siente, pero esto solo le distraerá de su objetivo. Por esta razón, tiene que aceptar todo como parte del proceso sin ninguna duda ni vacilación.

Este método de oración es una herramienta para abrir sus registros akáshicos y recoger la sabiduría ancestral y una excelente manera de explorar su espiritualidad, encontrar su paz interior y experimentar el amor y la compasión. Incluso siendo guiado a través de él la primera vez usando estas oraciones, puede establecer una profunda conexión espiritual con su ser interior. Solo por esto puede valer la pena darle una oportunidad al método. Cuando añade el impacto que la exploración de los registros puede tener en su vida, podría tener todo lo que desea y merece. No, no le proporcionará resultados mágicos, pero su beneficio más significativo radica precisamente en eso. Si quiere resultados, tendrá que dedicar tiempo y atención a conseguirlos.

Consejos adicionales para utilizar el método de la oración

Si solo está profundizando en este método, sin duda se beneficiará de los que se proporcionan en este capítulo. Incluso si aún no está preparado para abrir sus registros, puede beneficiarse de la energía contenida en estas oraciones. Por el contrario, si simplemente intentara crear un camino por su cuenta, el proceso de alcanzar las puertas del akasha tomaría mucho más tiempo. La oración funciona tan bien para abrir los registros akáshicos porque la intención hablada es un campo de energía que emana del cuerpo de una persona. Así, cada vez que alguien crea una oración, su energía se transfiere a esta herramienta y, eventualmente, a quien la utiliza. Al principio, esto facilitará que se familiarice con la energía espiritual. Trabajar con ella le ayudará a ver la diferencia que puede aportar a su vida, incluyendo la elevación de su espiritualidad.

Sea consciente de todo lo que nota en cualquier momento mientras accede a los registros. Todas las sensaciones son la manifestación de la energía procedente del akasha, como las palabras de su oración. No se desanime si no tiene éxito la primera vez que prueba su suerte con este método. De hecho, durante los primeros intentos, puede que no note nada diferente en absoluto, y esto es totalmente normal, especialmente si está comenzando a explorar su espiritualidad. Aprender a utilizar las oraciones para abrir los registros akáshicos requiere tiempo y práctica. A medida que se familiarice con la expresión de una intención amorosa y honesta, podrá acceder a sus registros. Al final, puede que le resulte mucho más fácil de lo que pensaba al principio.

Con el tiempo, puede que incluso aprenda a crear su propia oración, lo que potenciará aún más su viaje a akasha. Muchos buscadores espirituales sienten el impulso de formar su propio camino. Esta iluminación suele ser el resultado de recibir partes de la sabiduría universal de los registros akáshicos. Si esto le ocurre, estará listo para comenzar a modificar las oraciones para adaptarlas a sus necesidades. Al hacer esto, piense en cada palabra que utiliza como una herramienta para su intención. Cada palabra tiene su propósito, su energía y su impacto en los registros akáshicos. Cuanto más personal sean, más convincente será su efecto para ayudarle a obtener las respuestas que desea. Utilizando este nuevo conocimiento y energía espiritual, podrá lograr resultados más formidables.

Capítulo 12: El método de la meditación

Ahora que ha aprendido sobre los registros akáshicos y cómo acceder a ellos a través de la oración, hablaremos de otro método popular: la meditación. Como ya hemos mencionado, cualquier persona puede acceder y leer sus registros akáshicos una vez que aprenda la forma correcta. Antes de continuar, debemos subrayar que no hay una forma correcta o incorrecta de acceder a sus registros akáshicos. Puede probar varios métodos hasta que encuentre el que funcione para usted.

Meditación

La meditación es otro método que puede ayudarle a acceder a sus registros akáshicos. Para conectarse con su guía espiritual, primero debe despejar su mente. Deberá conectarse con su guía espiritual para que pueda ayudarle a acceder a sus registros. La meditación le permite despejar sus pensamientos y ser consciente de que debe dejar de lado el mundo exterior y dirigir su atención hacia el interior.

Como probablemente sepa, los registros akáshicos existen en un plano superior. Por lo tanto, para acceder a ellos, tendrá que alterar su frecuencia vibratoria para que coincida con la frecuencia del plano superior. La mejor manera de ajustar su frecuencia es a través de la meditación. Sin embargo, el proceso de meditación no necesita ser largo. Meditar durante mucho tiempo le hará sentirse fatigado e incapaz de concentrarse. La pérdida de concentración dificultará el acceso a sus registros akáshicos. Por lo tanto, limítese a 15 minutos o menos de meditación. La hidratación es una parte esencial de la meditación. Antes de comenzar, tome uno o dos vasos de agua. Su cerebro y su cuerpo deben estar hidratados para obtener lo mejor de su experiencia de lectura. Además, no debe intentar acceder a sus registros akáshicos con el estómago lleno, ya que puede sentirse mal en medio del proceso. Por lo tanto, si tiene hambre, coma una comida pequeña y ligera antes de comenzar.

El reino superior no siempre es seguro porque existen muchas entidades peligrosas allí. Otra ventaja de la meditación es que crea un escudo para protegerle de los ataques de estas entidades peligrosas.

La meditación le ayudará a llegar a este estado mental manteniéndole relajado, calmando su cerebro y ayudándole a alcanzar la paz interior.

Cómo meditar para acceder a los registros akáshicos

El primer paso es encontrar un lugar tranquilo y cómodo, lejos de cualquier distracción. Siéntese en un lugar cómodo, cierre los ojos y respire lentamente mientras se concentra en su respiración. Estos pasos son similares a la meditación regular que la mayoría de la gente hace a diario para calmarse o estar atentos. Los siguientes pasos le ayudarán a acceder a sus registros akáshicos. Necesita despejar su mente y establecer sus intenciones en las preguntas que quiere que sean respondidas. Comience diciendo una oración. No tiene que ser una oración específica, simplemente hable desde el corazón y ore para que recuerde esta experiencia y toda la información y el conocimiento que recopile. Termine su oración con gratitud.

Mantenga los ojos cerrados y pida que la luz divina le rodee. Como se ha mencionado, los guías espirituales juegan un papel muy importante a la hora de ayudarle a acceder a sus registros. Por lo tanto, durante su proceso de meditación, invoque a su guía espiritual o ángel guardián, junto con el arcángel Metatrón. Pídales que le ayuden a acceder a sus registros akáshicos para que pueda obtener el conocimiento, la verdad, la sabiduría y la curación de cualquier acontecimiento pasado o experiencia traumática. Permanezca tranquilo, relajado, y manténgase concentrado en su respiración durante algún tiempo. Para sentirse más relajado y eliminar la tensión, imagínese inhalando amor, fuerza y energía positiva mientras exhala todas las emociones negativas, el estrés y el dolor. Está respirando luz y dejando ir toda la oscuridad que le consume. Siga haciendo esto durante un rato mientras se concentra en su interior. Es importante elevar su frecuencia y vibración para alcanzar los registros akáshicos. Cuando sienta que ha alcanzado este nivel superior, llame al arcángel Metatrón y pida su guía para que le ayude a alcanzar la comprensión dimensional del registro akáshico. Necesita sentir que está siendo elevado. Puede hacerlo imaginando que entra en un ascensor hecho de luz que le lleva a un nivel superior. Se está elevando hacia la luz, y es uno con el espíritu, la fuente y todo lo que es.

Abra su corazón, expanda su mente y deje que el amor, la luz y la energía positiva lo inunden mientras es elevado por el ascensor de luz. Ahora es uno con todas las conexiones y fuentes divinas. Con su ángel de la guarda a su lado, siga subiendo. Ahora, el ascensor se detendrá, y usted saldrá y entrará en un lugar sagrado. Ha llegado a su destino en el reino de los registros akáshicos. Naturalmente, quiere leer sus registros y cumplir sus objetivos. Sin embargo, tómese este momento para ser y simplemente existir.

Después, permítase sentir todo el conocimiento que flota a su alrededor. Está en presencia de algo grandioso, y está rodeado no solo de sus registros, sino también de todos los seres que alguna vez han existido registros. Todos estamos conectados. ¿Puede sentirlo? Sienta cómo cada acción que realiza cada persona le afecta a usted y a todos los demás. Cada elección que usted y todos hacen tiene un eco que es escuchado por todos los demás seres porque todos estamos conectados. Cada acción que realizamos tiene un efecto dominó. Está conectado a estas acciones, incluso si no son suyas. Está conectado con las personas, las cosas, el universo y los registros.

Una vez que sienta esta conexión, es el momento de acceder a sus registros. Puede hacerlo simplemente pensando en algo con lo que necesite orientación o en una pregunta que desee que se le responda. Metatrón, a su vez, le guiará hacia las respuestas que busca ayudándole a acceder a sus registros. No obtendrá las respuestas de la misma manera que en el mundo físico. Las respuestas en este reino aparecerán de manera diferente. Puede que sienta que el arcángel Metatrón le está dando un libro, o que vea una imagen mental o una película, oiga una voz o sienta algo. Puede que incluso se encuentre consumido por todo el conocimiento y la información que necesita en esta etapa de su vida. Cada persona recibirá sus respuestas de forma diferente, así que manténgase concentrado y consciente para encontrar lo que busca.

Recuerde que no está solo en este proceso. Está guiado por su ángel de la guarda y por Metatrón. Durante este proceso, puede ser víctima de sentimientos de duda. Aunque estos sentimientos son normales, no debe ceder a ellos ni dejar que perturben su paz. Sin embargo, somos humanos y estos sentimientos son naturales. Por lo tanto, si siente alguna duda o siente que sus pensamientos se han desviado, pida ayuda al arcángel Miguel para calmar sus pensamientos y así poder mantenerse concentrado. Ahora, prepárese para recibir sus respuestas. Abra su corazón y su mente para captar toda la información que los registros akáshicos le están proporcionando.

Después de recibir las respuestas o la información, es hora de volver al reino físico. Sin embargo, antes de partir, tiene que agradecer a los registros del akasha y a todos los ángeles que le ayudaron. Ellos necesitan sentir que aprecia lo que hicieron por usted. Regrese de la misma manera, utilizando el ascensor de luz. Una vez que sienta que está de vuelta en el reino físico, escriba su experiencia. Es necesario que escriba todo lo que ha visto, sentido u oído, porque las respuestas que busca se encuentran en ellas. Sin embargo, si no puede recordar todo, no pasa nada. Tómese su tiempo y relájese, y al final le llegará. Si siente que las respuestas son confusas o poco claras, pida a su guía espiritual que le ayude a aclarar las cosas.

No espere resolver todo o tener una comprensión completa de todo el proceso en una sola visita. Siga practicando, y reunirá más información con cada visita y se beneficiará de la sabiduría de los registros akáshicos. Si es la primera vez que practica la meditación para acceder a sus registros, considere la posibilidad de hacer primero una meditación guiada para ayudarle a alcanzar el estado mental necesario. Cuanto más practique, menos necesitará la meditación guiada y alcanzará este estado por sí mismo.

Practicar la meditación de atención plena

Necesita practicar la meditación de atención plena con regularidad para alcanzar sin esfuerzo el estado mental que le ayudará a acceder a los registros akáshicos. La meditación de atención plena toma unos pocos minutos y beneficia a su mente y bienestar, ya que lo mantiene enfocado en el momento y aumenta su conciencia.

Encuentre un lugar tranquilo

Como se mencionó anteriormente, debe encontrar un lugar tranquilo sin distracciones para poder concentrarse por completo. Debe ponerse cómodo sentándose en una silla, en el suelo o en un cojín. También puede acostarse si le resulta más cómodo. Si está sentado, asegúrese de sentarse con la espalda recta, pero no de forma que se ponga rígido. Coloque los brazos y las piernas donde se sienta más cómodo.

Sentir su cuerpo

Sea consciente de su cuerpo y note lo que está sintiendo en este mismo momento mientras está sentado o tumbado. Experimenta cada sensación en cada parte de su cuerpo, como lo que tocan sus manos o piernas y la conexión de su cuerpo con la silla o el suelo.

Asegúrese de estar completamente relajado y permita que su cuerpo libere cualquier tensión.

Concentrarse en la respiración

La respiración es la puerta de entrada a la meditación. Respiramos todos los días para mantenernos vivos, y nunca somos conscientes del proceso ni nos centramos en él. Por lo tanto, necesita sentir el aire que entra y sale de sus pulmones. Respire de forma natural como lo hace siempre, pero sea consciente del proceso de inhalación y exhalación.

Una técnica que puede ayudarle a respirar de forma consciente es poner la misma y sencilla intención en cada respiración. Como hemos dicho, respirar es lo que hacemos para mantenernos vivos. En otras palabras, cuando nos permitimos respirar, nos damos el regalo de la vida. Cada respiración que hacemos es un acto de amor. Concentrarse en la intención central que hay detrás de la respiración le ayudará a facilitar el proceso.

Mantener la concentración

Concéntrese en su respiración y excluya el mundo que le rodea. Concéntrese únicamente en el aquí y el ahora. Sin embargo, es posible que sienta que su mente comienza a divagar a veces. Llevamos una vida muy acelerada y agitada. Nuestras mentes siempre van a toda velocidad, por lo que nunca están acostumbradas a bajar el ritmo o a relajarse un poco. Es posible que el mundo exterior se cuele pensando en diferentes cosas como el trabajo, la familia o las facturas que hay que pagar. Aunque esto puede ser frustrante, es muy normal, así que no sea duro consigo mismo. Puesto que está practicando la atención plena, le resultará fácil darse cuenta de cuándo su mente divaga. Cuando esto ocurra, lo único que necesita hacer es volver a centrar su atención en el "aquí y ahora" o momento actual y concentrarse en su respiración.

Si todavía está teniendo dificultades para despejar su mente, he aquí una técnica útil para ayudarle. Imagínese de pie en el borde de la carretera. Cuando sus pensamientos comiencen a fluir, imagínelos como autos que pasan. A menudo, tenemos la tentación de subirnos a uno de esos autos al involucrar nuestros pensamientos. No lo haga. Simplemente mantenga su posición y observe los automóviles mientras pasan. Cuanto menos se comprometa con sus pensamientos, más tranquila estará su mente.

Antes de que se dé cuenta, la carretera estará completamente vacía y su mente se quedará quieta como un lago.

Es posible que al principio confíe en esta técnica. Luego, al igual que con las ruedas de entrenamiento, irá disminuyendo de forma natural la dependencia de la visualización.

Seguir respirando

Siga respirando y concentrándose en su respiración durante unos cinco o diez minutos. Cada vez que su mente divague, vuelva a ella. Asegúrese de estar completamente relajado.

Puede mantener los ojos abiertos o cerrados, lo que le resulte más cómodo. Sin embargo, si practica la meditación para acceder a los registros akáshicos, sus ojos deben estar cerrados. Así podrá realizar su viaje y recibir cualquier mensaje o señal visual. Practique la meditación de respiración de atención plena todos los días. Es muy beneficiosa para su salud mental, ya que reduce el estrés y la ansiedad y le mantiene centrado en el momento presente, por lo que no se obsesionará con el futuro ni se preocupará por el pasado.

La atención plena le permite ser consciente del mundo que le rodea. Necesita estar consciente y concentrado para notar todas las señales y mensajes que su guía espiritual le está enviando. Cuando está atento, todos sus sentidos se centran en el aquí y el ahora, por lo que estará en sintonía con lo que el universo le dice. El universo siempre nos está hablando. Todo lo que tenemos que hacer es escuchar y abrir nuestro corazón.

Capítulo 13: El método de visualización

Este capítulo trata sobre el método de visualización. Este método es una habilidad que puede ayudarle a acceder a sus registros akáshicos y a encontrar información sobre usted y los demás para tomar mejores decisiones en la vida. Para practicar esta habilidad, hemos enumerado algunos ejercicios a lo largo del capítulo para que pueda mejorar sus habilidades. Al final del capítulo, se incluyen instrucciones paso a paso sobre cómo realizar este método, para que no tenga ningún problema.

¿Qué es la visualización?

La visualización es la capacidad de ver imágenes en su mente. Estas imágenes pueden ser lo que usted quiera que sean, y a menudo son una sorpresa. Cuando puede visualizar, accede a su mente subconsciente, que contiene toda la información que ha visto o experimentado en su vida. También incluye información sobre otras personas.

Los registros akáshicos son la biblioteca del alma

Como se ha comentado en los capítulos anteriores, los registros akáshicos son una biblioteca infinita que contiene todo el conocimiento. Existen dentro de su cuerpo y mente y externamente a su alrededor (en otras personas). Son registros de nuestro pasado, presente y futuro. Puede acceder a esta información si se tranquiliza lo suficiente como para escuchar y aprender de ella. Sin embargo, hay mucho ruido en nuestra vida cotidiana que nos impide escuchar esta información. Aquí es donde entra en juego la visualización.

Visualización y registros akáshicos

El método de visualización es una poderosa forma de acceder a la información de los registros akáshicos. Los registros akáshicos son una base de datos espiritual que contiene toda la información sobre cada persona y evento de la historia.

El método de visualización consiste en imaginarse a sí mismo en un espacio sagrado, como un templo o su santuario personal. En este espacio, puede hacer cualquier pregunta que desee sobre su vida, y los registros akáshicos le proporcionarán una respuesta.

Imagínese visualmente en un templo u otro espacio sagrado (la clave aquí es hacerlo lo más real posible). Imagine dos puertas ante usted; una puerta lleva a la oscuridad, y la otra lleva a la luz. Visualice que atraviesa la puerta hacia la luz.

Una vez dentro del templo, visualice una escalera que baja por debajo del nivel del suelo (puede imaginarse a sí mismo descendiendo por esta escalera, o puede dejar que su mente le lleve a otro lugar). Una vez bajo tierra, imagine que entra en una amplia sala con estanterías de pared a pared. Esta es la biblioteca de los registros akáshicos, donde se almacena toda la información sobre su vida y la de los demás.

Ahora, haga cualquier pregunta que desee sobre su vida, y los registros akáshicos le responderán. Las respuestas pueden venir como pensamientos, imágenes o sentimientos. Confíe en que la información que recibe es precisa y relevante para su situación actual.

El método de visualización es una forma poderosa de acceder a la información de los registros akáshicos.

Cómo practicar la visualización

El método de visualización es una de las técnicas más importantes para practicar la meditación. Es una forma de ver y experimentar el mundo tal y como es, sin filtros ni juicios.

Para practicar la visualización, siéntese en una posición cómoda y cierre los ojos. Respire profundamente unas cuantas veces y deje de lado todos los pensamientos y distracciones. Cuando esté preparado, visualícese en un lugar que le aporte paz y felicidad. Puede ser un hermoso jardín, la cima de una montaña o cualquier otro lugar que le resulte tranquilizador y pacífico.

Contemple las vistas y los sonidos que le rodean con gran detalle. Sienta el sol en su piel o el viento soplando en su pelo. Perciba los olores de las flores o el aire fresco. Escuche el canto de los pájaros o el viento que sopla entre los árboles.

Tenga en cuenta que es su lugar. Está permitido que lo llene de todo lo que quiera. Tal vez siempre haya conectado con una planta en particular o se haya sentido reconfortado por la presencia de un determinado animal. Siéntase libre de traerlos. El objetivo no es solo practicar la visualización, sino también crear un espacio seguro que sirva como punto central.

Cuando haya terminado, dé las gracias al lugar por haberle aportado paz y felicidad. Abra lentamente los ojos y comience el día.

Aprender a visualizar requiere práctica. Puede ser útil practicar la visualización durante unos minutos todos los días hasta que adquiera destreza. Cuanto más practique, más fácil le resultará acceder a la información de los registros akáshicos.

Frecuencia de la práctica

Cuanto más se practique la visualización, más fácil será acceder a la información de los registros akáshicos.

Lo ideal es que la visualización tenga lugar todos los días durante al menos unos minutos. También puede visualizar durante otras actividades, como cuando camina por la ciudad o cuando realiza sus tareas diarias. Solo asegúrese de dedicar un poco de tiempo a visualizarse en un espacio sagrado cada día.

Al practicar la visualización todos los días, comenzará a ver el mundo como realmente es y obtendrá acceso a la información de los registros akáshicos para guiarlo en el camino de su vida.

Cuanto más a menudo practique la visualización, más fácil le resultará a su mente conectarse con los reinos superiores de la conciencia y recibir información de los registros akáshicos. Intente visualizar todos los días durante al menos unos minutos, y notará una mejora en su capacidad para conectarse con esta base de datos espiritual.

Técnicas sencillas de visualización para principiantes

La visualización es una herramienta muy poderosa para obtener conocimiento y percepción. También puede ser decisiva para ayudarle a ver el mundo tal y como es, en lugar de como lo pensamos o juzgamos.

La gente utiliza muchas variantes de la visualización, como las imágenes guiadas, la meditación, la imaginación activa, la ensoñación, los sueños lúcidos, la meditación guiada y muchas más. Por supuesto, no todo el mundo querrá o necesitará utilizar todos estos métodos, pero es útil conocerlos para tener la opción de probarlos en el futuro.

Imágenes guiadas

Las imágenes guiadas son una visualización dirigida o sugerida por otra persona. Esta persona puede ser un terapeuta, un profesor o un amigo. Suele guiarle a través de un ejercicio de visualización con instrucciones verbales e imágenes.

Meditación

La meditación es la práctica de aquietar la mente y concentrarse en una cosa, como la respiración o un mantra. La mayoría de las personas meditan durante un periodo específico (como cinco minutos) y repiten este proceso varias veces.

Imaginación activa

La imaginación activa es similar a la imaginación guiada, pero se realiza a solas, sin ninguna guía verbal ni imágenes. Simplemente se sienta en silencio y crea imágenes mentales en la biblioteca de registros akáshicos.

Soñar despierto

Soñar despierto es una visualización que todos experimentamos de vez en cuando. Es simplemente dejar que la mente divague sin ningún enfoque u objetivo específico.

Sueño Lúcido

El sueño lúcido es la capacidad de ser consciente de que se está soñando y de controlar el sueño. Puede hacerse simplemente preguntando a un personaje del sueño o sabiendo que se está soñando.

Lo mejor es practicar con regularidad y utilizar muchas visualizaciones diferentes para sacar el máximo provecho de la visualización. Le permite aprender más sobre su mente y recibir información valiosa de sus pensamientos y sentimientos subconscientes.

Ejercicio de visualización mental nº 1

El primer ejercicio de visualización mental consiste en imaginar su lugar favorito. Puede ser cualquier lugar del mundo o incluso un lugar inventado. Lo más importante es que sea un lugar donde se sienta feliz y en paz.

Cierre los ojos y respire profundamente unas cuantas veces. Cuando esté relajado, imagínese de pie en su lugar favorito. Contemple las imágenes y los sonidos que le rodean, sienta el sol o el viento en su piel y huela el aire. Quédese aquí unos minutos, asimilándolo todo.

Cuando esté preparado, vuelva lentamente a la realidad. Respire profundamente un par de veces más y abra los ojos. Escriba cómo le ha hecho sentir este ejercicio.

Podría escribir algo como esto:

El ejercicio de visualización me hizo sentir feliz y en paz. Fue un buen descanso de la realidad y fue divertido imaginarme en mi lugar favorito. Sentí que podía relajarme de verdad y asimilarlo todo. Fue un buen descanso mental.

Ejercicio de visualización mental nº 2

El segundo ejercicio de visualización mental consiste en imaginar una situación que le haga sentirse feliz o alegre. Puede ser algo de su pasado o algo que espera en el futuro.

Cierre los ojos y respire profundamente unas cuantas veces. Una vez relajado, imagínese en esa situación feliz. Contemple las imágenes y los sonidos que le rodean, sienta la felicidad y la alegría en su corazón y huela el aire. Quédese aquí unos minutos, asimilándolo todo.

Cuando esté preparado, vuelva lentamente a la realidad. Respire profundamente un par de veces más y abra los ojos. Escriba cómo le ha hecho sentir este ejercicio.

Podría escribir algo como esto:

El ejercicio de visualización me hizo sentir feliz y alegre. Fue un buen descanso de la realidad y fue divertido imaginarme en mi situación favorita. Sentí que podía relajarme de verdad y asimilarlo todo. Fue un buen descanso mental.

Ejercicio de visualización mental nº 3

El tercer ejercicio de visualización mental consiste en imaginarse a sí mismo logrando su objetivo. Véase a sí mismo logrando su objetivo con gran detalle, y sienta la felicidad y la satisfacción que conlleva.

Cierre los ojos y respire profundamente unas cuantas veces. Una vez relajado, imagínese logrando su objetivo. Contemple las imágenes y los sonidos que le rodean, sienta la felicidad y la satisfacción en su corazón y huela el aire. Quédese aquí unos minutos, asimilándolo todo.

Cuando esté preparado, vuelva lentamente a la realidad. Respire profundamente un par de veces más y abra los ojos. Escriba cómo le ha hecho sentir este ejercicio.

Podría escribir algo como esto:

El ejercicio de visualización me hizo sentir feliz y en paz porque lograr mi objetivo sería una sensación increíble que espero con ansias. Fue un buen descanso de la realidad y fue divertido imaginarme en mi situación favorita. Sentí que podía relajarme de verdad y asimilarlo todo. Fue un buen descanso mental.

Ejercicio de visualización mental nº 4

El siguiente ejercicio de visualización mental es imaginarse a sí mismo como quiere ser. Visualícese como quiere ser con todo detalle, y sienta la felicidad y la satisfacción que conlleva.

Cierre los ojos y respire profundamente unas cuantas veces. Una vez relajado, imagínese como quiere ser. Contemple las imágenes y los sonidos que le rodean, sienta la felicidad y la satisfacción en su corazón y huela el aire. Quédese aquí unos minutos, asimilándolo todo.

Cuando esté preparado, vuelva lentamente a la realidad. Respire profundamente un par de veces más y abra los ojos. Escriba cómo le ha hecho sentir este ejercicio.

Podría escribir algo como esto:

El ejercicio de visualización me hizo sentir feliz y tranquilo porque ser fiel a mí mismo me hace feliz y me hace sentirme realizado. Fue un buen descanso de la realidad y fue divertido imaginarme en mi situación favorita. Sentí que podía relajarme de verdad y asimilarlo todo. Fue un buen descanso mental.

Ejercicio de visualización mental nº 5

El quinto ejercicio de visualización mental consiste en imaginarse siendo amable y compasivo con los demás. Imagínese siendo amable y compasivo con los demás con todo detalle, y sienta la felicidad y la satisfacción que ello conlleva.

Cierre los ojos y respire profundamente unas cuantas veces. Cuando esté relajado, imagínese siendo amable y compasivo con los demás. Contemple las imágenes y los sonidos que le rodean, sienta la felicidad y la satisfacción en su corazón y huela el aire. Quédese aquí unos minutos, asimilándolo todo.

Cuando esté preparado, vuelva lentamente a la realidad. Respire profundamente un par de veces más y abra los ojos. Escriba cómo le ha hecho sentir este ejercicio.

Podría escribir algo como esto:

El ejercicio de visualización me hizo sentir feliz y realizado porque ser amable hace que todos los que me rodean se sientan bien y apreciados. Fue un buen descanso de la realidad y fue divertido imaginarme en mi situación favorita. Sentí que podía relajarme de verdad y asimilarlo todo. Fue un buen descanso mental.

Ejercicio de visualización mental nº 6

El último ejercicio de visualización consiste en imaginar a su yo infantil en su lugar feliz. Observe su lenguaje corporal, lo que está haciendo y cómo se siente. A continuación, cuando esté preparado, presente a su yo actual en el lugar y a su yo infantil.

Aquí están algunas preguntas que le ayudarán a guiar su interacción:

- ¿Cómo sería la presentación? ¿Qué es lo primero que haría?
- ¿Qué querría decirle su yo infantil? ¿Y qué querría decirle usted?
- ¿Qué pensaría él de usted? ¿Qué pensaría usted de él?
- Al final, pida permiso para abrazar a su yo infantil.

Puede que tenga la tentación de orquestar la interacción, pero intente resistirse. Participe, escuche y deje que la interacción se desarrolle. Por muy sanadora que sea, esta interacción también puede ser pesada por naturaleza. Antes de saltar a su cuaderno y escribir un diario sobre ello, tómese el tiempo necesario para respirar y volver lentamente a su cuerpo.

Acceso a los registros akáshicos a través de la visualización

Otra forma de acceder a los registros akáshicos es a través de la visualización. Este poderoso acto de imaginación le permite ver su vida objetivamente. Es como mirarse a sí mismo desde fuera, sin que los prejuicios y los miedos se interpongan.

Guía paso a paso para visualizar los registros akáshicos

La siguiente es una guía paso a paso sobre cómo visualizar los registros akáshicos:

Paso: 1

Cierre los ojos y respire profundamente.

Paso: 2

Una vez que esté relajado, imagínese caminando por una vieja biblioteca con miles de registros alineados en los estantes. Está muy poco iluminada, excepto por las pequeñas lámparas de cada estante que proyectan sombras a su alrededor. El olor a polvo llena el aire mientras pasa por delante de una fila tras otra de estos libros de discos. Hay una sensación de poder y conocimiento en el aire.

Paso: 3

A medida que avanza por el pasillo, encuentra el libro que corresponde a su vida. Está marcado con su nombre y fecha de nacimiento. Lo toma de la estantería y lo abre para ver toda la historia de su vida escrita en su interior.

Paso: 4

Véase a sí mismo recorriendo cada momento de su vida y vea las decisiones que tomó y las consecuencias que siguieron. Véase a sí mismo tal y como es ahora y cómo sus decisiones le han llevado a este punto.

Paso: 5

Cuando haya terminado, cierre el libro y devuélvalo a su lugar en la estantería. Salga de la biblioteca y vuelva lentamente a la realidad.

Documente su experiencia

Podría escribir algo como esto:

Me visualicé caminando por una vieja biblioteca con miles de registros alineados en los estantes. Caminé por el pasillo y encontré mi registro, marcado con mi nombre y fecha de nacimiento. Me abrí a ver toda la historia de mi vida escrita en su interior para poder retroceder en el tiempo y revisar cada momento.

La experiencia fue muy poderosa, y me permitió ver mi vida de forma objetiva sin que todos mis prejuicios y miedos se interpusieran. Pude entender cómo mis decisiones me han llevado a este punto, y me dio una gran visión del futuro. Fue una experiencia increíble que nunca olvidaré.

Guía para principiantes para acceder a los registros akáshicos

Si está comenzando su viaje espiritual y desea acceder a los registros akáshicos, hay algunas cosas que debe saber. En primer lugar, es importante no dejarse atrapar por lo que llaman "vidas pasadas" porque no tenemos vidas pasadas. Solo existen a través de nuestros recuerdos.

En su lugar, céntrese en el presente y en cómo puede utilizar el conocimiento de los registros akáshicos para mejorar su vida actual. También es posible que quiera comenzar a trabajar en su desarrollo personal antes de acceder a los registros de otros. Esto le ayudará a construir la base sólida necesaria para acceder correctamente a los registros.

Hay muchas formas de acceder a estos registros, pero la visualización es uno de los métodos más fáciles y eficaces para los principiantes. También es una excelente manera de practicar el acceso a ellos antes de pasar a técnicas más avanzadas para comprender mejor las vidas pasadas o las personas con las que puede haber tenido conexiones kármicas en su vida actual.

Los registros akáshicos son una de las herramientas más poderosas para acceder al conocimiento que puede encontrar. Depende de usted si este método le funcionará o no, pero ciertamente ha ayudado a muchas personas en sus viajes espirituales. Una vez que lo haya probado por sí mismo, podrá juzgar mejor sus usos potenciales.

El método de visualización es solo una forma de acceder a los registros akáshicos. Si este método en particular no le funciona, no se dé por vencido, hay muchas otras técnicas más adecuadas. Lo más importante es seguir explorando y aprendiendo todo lo posible sobre este fascinante tema.

Capítulo 14: Acceso a los registros de otros

Si su experiencia con la apertura de los registros akáshicos le ha inspirado a compartir sus beneficios con otros, siéntase libre de hacerlo. Después de todo, como se mencionó anteriormente, cualquiera que esté espiritualmente iluminado y tenga la capacidad de elevar su vibración puede acceder a los registros. No solo pueden acceder a sus registros, sino a cualquier cosa que tenga energía porque, si tienen energía, también tienen memoria almacenada. Si quiere acceder a la información de cualquier persona, solo tiene que acceder a un plano energético superior. Puede hacerlo a través del método que prefiera, y solo es cuestión de entrenamiento. Sin embargo, se aplican algunas reglas cuando se accede a los registros akáshicos de otra persona. Este capítulo le ayuda a explorar estas reglas, junto con los pasos necesarios para convertirse en un transportador exitoso de los mensajes recibidos desde el plano akáshico.

Los desafíos de acceder a los registros de otros

Los registros akáshicos representan una fuente infinita de información conectada a un campo energético. Cuando posee los registros, su energía sirve como medio para aprovechar el conocimiento que busca. Sin embargo, su alma debe estar preparada para aceptar la sabiduría y crecer con su ayuda. La comunicación con el campo akáshico es muy personal, pero sus propios niveles de energía solo le limitan. Cuando intente reunir información para otra persona, tendrá mucha menos energía con la que contar. Solo tiene acceso a las emociones y al estado energético que le muestren a través de su indagación sobre el proceso y su explicación de lo que quieren conseguir. Como esto no le da una visión de su alma, es posible que no pueda proporcionarles la orientación exacta que necesitan. Es posible que reciba y trasmita algunos de los mensajes destinados a ellos, pero que se pierda otros porque no está en sintonía con la energía que conecta estos registros. Elevar sus vibraciones le ayuda a acceder a más información sobre ellos a pesar de no vibrar en la misma frecuencia. Para que esto funcione, tiene que practicar mucho y asegurarse de seguir todas las reglas del plano akáshico.

El proceso de acceso a los registros de otros

A pesar de todos los desafíos, la base del proceso para acceder a los registros akáshicos de otra persona es prácticamente la misma que para usted. Necesitará seguir los mismos pasos, comenzando por ponerse en un estado mental relajado. La única excepción es que necesita incluir a la otra persona en el proceso. Tanto si elige abrir los registros a través de la meditación, la oración o cualquier otra forma, esto debería ayudaros a conectar con la tierra a ambos. Durante el proceso de apertura de sus registros, necesitará declarar que está representando a la persona y que tiene su permiso. Cuando se sienta conectado con sus registros, asegúrese de verificarlo cotejando su contenido con su información personal. Normalmente, recibirá una declaración inicial sobre el propietario de los registros. Es aconsejable que se lo transmita inmediatamente para que pueda estar seguro de que está accediendo a sus registros. Tras esta confirmación, proceda a formular las preguntas para las que buscan respuesta. Tanto si se trata de descubrir patrones negativos, como de sanar o de orientar a la persona, hay que hacer hincapié en ello durante la consulta. Permita que la persona reciba conocimientos que le ayuden a resolver todas las cuestiones emocionales y energéticas y a seguir adelante con su vida de forma más saludable. Una vez que sienta que ha recibido y transmitido toda la sabiduría que la persona necesita en ese momento, puede cerrar los registros.

Una vez más, puede hacerlo con su método habitual. Sin embargo, es posible que quiera hacerlo más lentamente de lo que lo haría para usted. Es posible que necesiten más tiempo para volver a la realidad y procesar la información que han recibido, sobre todo si el mensaje era molesto. Además, las personas que no están acostumbradas a recibir mensajes espirituales suelen tener preguntas después de la sesión. Responda a sus preguntas sobre los mensajes lo mejor que pueda, o si no puede, sugiérales otros medios para obtener sus respuestas. Todo el proceso, desde que comienza a relajarse hasta que la persona recibe todas las aclaraciones que necesita, puede durar el doble de tiempo que si accediera a sus registros. Esto es totalmente normal, y tiene que asegurarse de que la otra persona entienda que puede tomarse todo el tiempo que necesite.

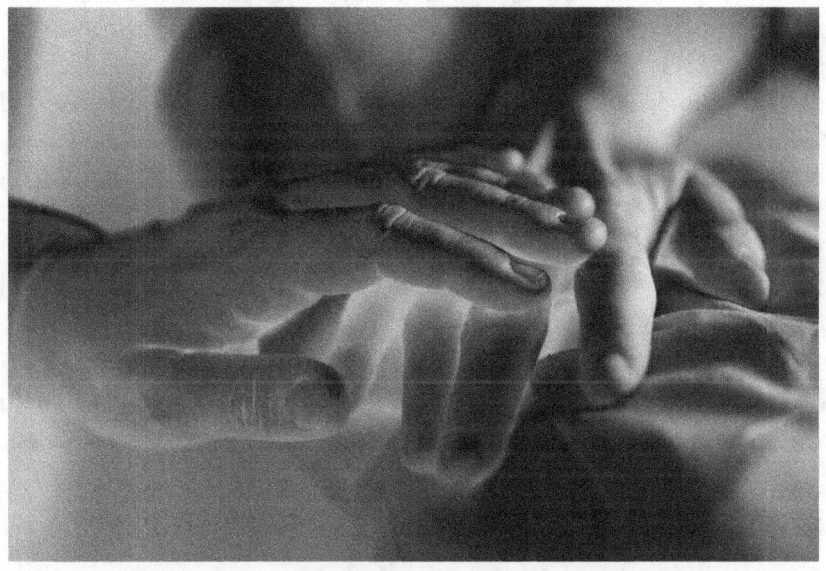

Todo comienza con usted

Uno de los factores cruciales que determinan si puede abrir los registros de otra persona es su enfoque de la sesión. Lo primero y más importante es que tenga claro por qué quiere acceder a su información. Tiene que tener una clara intención de transmitir el conocimiento destinado a otra persona, lo que significa que si solo tiene curiosidad por las acciones, el pasado o el futuro de otra persona, no le da derecho a mirar en sus registros, ni siquiera cuando siente que su futuro podría estar conectado con el suyo, o si conoce bien a la persona y solo pretende ayudarla. Ir a sus espaldas nunca es aconsejable, y tampoco le permitirá abrir los registros. La conexión entre el campo energético vibratorio de una persona y sus registros akáshicos también sirve de escudo espiritual contra las miradas indiscretas. Asegura que la información que le pertenece solo a ella se mantenga oculta hasta que esté preparada para recuperarla. Además, acceder a algo por curiosidad y sin su conocimiento disminuye las vibraciones. Dado que esto conduce a un estado mental impulsado por el ego, emitirá energía negativa bloqueada por la puerta de los registros akáshicos, que es otra forma de protegerlos.

La mejor manera de abordar la apertura de los registros akáshicos para los demás es con intenciones honorables. No hay nada malo en querer ayudar a alguien, pero solo puede proponerle que acceda a la guía que necesita. Que acepten su oferta de leer sus registros depende de ellos. Además, la intención de acceder al conocimiento universal de una persona tiene que ser benévola. Investigar las experiencias de su colega tampoco es una razón válida, aunque compita con él y sienta curiosidad por sus acciones. Al acceder a la información de alguien, solo puede hacerlo si es en su beneficio. Sea cual sea la forma o el momento en que llegue, el mensaje tiene que contribuir a su vida de forma positiva.

Debido a todas las razones mencionadas anteriormente, la única forma auténtica de recibir mensajes destinados a otros es obtener su consentimiento. Este permiso tiene que venir de su alma, y deben estar dispuestos a aceptar cualquier mensaje, respuesta, guía o resolución que reciban.

La práctica es importante

El dicho "la práctica hace al maestro" nunca fue más cierto que cuando aprenda a acceder a la información espiritual de otra persona. Al principio, puede que no esté seguro de si se deja guiar por su energía o por la *suya*. La mejor manera de practicar para no confundir su información con la de ellos, y obtener el efecto completo, es hacerlo con personas que no conoce. Preguntar su nombre legal actual y su fecha de nacimiento le asegurará el acceso a los registros adecuados. Cuanto más precisa sea la experiencia de una persona, más claros serán los patrones limitantes, los traumas del pasado o cualquier otro obstáculo. Esto les ayudará a superar los obstáculos y a transformar sus vidas como lo hizo la suya. Ya sea la experiencia a la que se enfrentan ahora (o a la que se enfrentaron sus antepasados), puede ayudarles a encontrar paz, comprensión, sabiduría y esperanza.

Al reunir todo esto, tiene que mantener a raya los deseos de su alma. El problema es que si tiene una relación cercana con la persona, sus deseos de ayudarla pueden nublar su juicio mientras recupera sus mensajes akáshicos. Influir en su mente para conjurar el resultado que desea no es sabio, incluso cuando se accede a sus registros. Sus suposiciones pueden ser incluso peores para las personas que conoce bien. Esta es otra forma en la que practicar con extraños puede ser útil. Cuando alguien le pida que lea sus registros, es posible que se sienta tentado a dar una explicación exhaustiva de sus razones para hacerlo. Anímeles a que solo le proporcionen la pregunta que quieren que se responda, el nombre, la fecha de nacimiento, y nada más. O, si sienten la necesidad de explicar sus problemas, que lo hagan solo antes de que comience la sesión. Al no saber nada de su problema de antemano, puede evitar la formación de suposiciones que se interponen en el camino de una lectura exitosa. Una vez que practique esto suficientes veces, será capaz de separar su energía de la energía de la otra persona, lo que le permitirá concentrarse solo en sus registros.

Aparte de esto, también será libre de reunir más información de la persona en cuestión. Se abre la posibilidad de hablar de sus objetivos, temas recurrentes y dificultades, lo que puede ayudarles a formar la pregunta adecuada. Por ejemplo, puede que se sientan atascados en su vida actual y quieran saber si dar un paso concreto les acercaría a superar esta etapa de su vida. Puede explicarles que la mejor forma de actuar no es preguntar si algo ocurre en el futuro o no. Una mejor solución sería comprobar sus progresos a medida que avanzan hacia su objetivo. También es una buena idea que las mujeres embarazadas eviten mirar los registros de su hijo no nacido. Al fin y al cabo, el niño tiene su alma, lo que significa que la información le pertenece, solo que aún no es capaz de expresar su opinión.

Consejos adicionales para acceder a los registros de otros

Aclare siempre cómo los registros akáshicos se comunican con usted y con la persona cuya información va a desbloquear. Todas sus acciones y traumas pasados forman una huella energética particular dentro de los registros. Sin embargo, diferentes huellas se traducen normalmente en diferentes mensajes. Para transmitir adecuadamente los mensajes a su propietario, debe absorberlos e interpretarlos correctamente. Practicar con sus registros akáshicos le ayuda a aprender qué mensajes tiene más probabilidades de interpretar correctamente.

A estas alturas, es probable que solo reciba los conocimientos que puede utilizar. Con otras personas, los mensajes pueden ser diferentes de los que estás acostumbrado a recibir, especialmente si la energía vibratoria de la persona difiere enormemente de la suya. Uno o dos de sus sentidos suelen estar potenciados para recibir la sabiduría para usted. Sin embargo, tiene que estar preparado para que el conocimiento que reciban los demás provenga de cualquiera de sus sentidos. Al interpretar correctamente el mensaje, puede ayudar a la persona a identificar la raíz del problema. Por ejemplo, si confía en su visión, puede ver una escena relacionada con el sentimiento de culpa. Solo la identificará como culpa si sabe cómo los registros akáshicos le presentan típicamente los mensajes. Esto también facilitará la transmisión del mensaje verbalmente, que es otro reto al que podría enfrentarse. Cuando reciba información destinada a usted, puede resultarle fácil alinearla con su alma y sentir lo que significan. Explicarlas a otros puede ser mucho más difícil, incluso más, si la persona no está familiarizada con la exploración espiritual. Además, encontrar una solución adecuada para su problema solo es posible si pueden entender de dónde vienen sus problemas. Anímele a que acepte el mensaje y lo vea como una oportunidad para mejorar su vida. Puede dar miedo enfrentarse a un error del pasado o del presente, pero deben entender que no tienen nada de lo que avergonzarse. Mantener la calma les ayuda a tranquilizarse y a saber que vale la pena afrontar cualquier reto que deban soportar para encontrar la mejor solución.

Otro problema al que puede enfrentarse es conseguir que la persona con la que está trabajando acepte compartir sus experiencias pasadas. Puede que se avergüence de sus acciones pasadas o que simplemente no las considere relevantes para su situación actual. En cualquier caso, tiene que reconocer cuando alguien no está totalmente abierto a permitirle ver todo lo que está almacenado en sus registros. Su apertura determina su energía vibratoria, que también afecta a la suya. Por lo tanto, es un requisito previo para una lectura exitosa. Asegúrese de insistir en la importancia de este tema durante la consulta antes de proceder a abrir las puertas de la sabiduría. Para recibir el conocimiento que necesitan, deben abrirse completamente a la experiencia. De lo contrario, la información que obtengan será negativa o distorsionada y no será útil en absoluto.

A pesar de sus mejores esfuerzos por suprimirlas, sus emociones podrían afectar al proceso de acceso a los registros de los demás. Estar bajo mucho estrés puede hacer que no pueda concentrarse en la energía de la persona y proporcionarle los resultados deseados. Si experimenta algo inusual durante la lectura y sospecha que tiene que ver con sus emociones negativas, tiene que detener la sesión. Explique a la persona que no puede acceder a sus registros en ese momento y que necesita aclarar su mente antes de continuar. Apreciarán su franqueza y estarán encantados de volver a leer cuando sea más conveniente para ambos.

En última instancia, tiene que recordar que debe crear un espacio seguro para la persona a cuyos registros está accediendo. Las personas interesadas en acceder a su información suelen estar en un estado mental vulnerable. Se sienten atrapados en un bucle o quieren saber por qué las cosas van mal en su vida. Incluso si está accediendo a los registros de una persona cercana, esta confiará en su ayuda para encontrar una forma de sanar o guiarla en su camino. Aunque recuperar la sabiduría universal puede ayudarles a ver las razones que hay detrás de sus acciones actuales y pasadas, solo funciona si conecta con su alma y su campo energético. Una persona que está lidiando con inseguridades necesita resolución, y si no puede proporcionársela, empeora las cosas. Sin ella, no puede seguir adelante con su vida. Su incapacidad para proporcionarles sus registros solo aumentará su angustia. Además, si el concepto de vibraciones y niveles de energía les resulta extraño, pueden sentirse muy intimidados ante la perspectiva de una lectura akáshica. Haciendo que se sientan bienvenidos y queridos, los honra, lo cual, en sí mismo, tiene un efecto edificante en su alma. También les hará sentirse cómodos, por lo que serán más receptivos a los mensajes que obtiene en su nombre. A medida que se sientan cómodos, sus vibraciones se elevarán, facilitando la apertura de sus registros.

Aunque la lectura para alguien que busca comprender los traumas del pasado tiene que ver con ellos, no con usted, la información a la que acceda también puede beneficiarle. Mostrar respeto por las personas cuyas experiencias vitales difieren de las suyas también le ayuda a crecer como persona. Cuando comience a leer los registros akáshicos de otras personas, es posible que pase por alto información que no comprende. Al conocer las quejas de su alma, o de las almas de sus ancestros, desarrolla un sentido de compasión mucho más profundo. Abra la posibilidad de un camino de iluminación y autodesarrollo del que usted y los demás puedan beneficiarse por igual. Esto le permite estar más abierto a sus mensajes, aprender a interpretarlos mejor y ayudar a más personas en el camino. También aprenderá a reconocer cuándo su energía no es lo suficientemente alta como para ayudar a alguien a sanar. Se dará cuenta de que remitirlos a alguien que tenga más experiencia en el área en la que necesitan ayuda les ayuda mucho más. Puede llevar muchos años de desarrollo personal y espiritual llegar a este punto. Pero, cuando lo haga, todo merecerá la pena. Cuando alcance esta etapa, entrará en un plano energético mucho más elevado, y se sentirá orgulloso de todo lo que haga por sí mismo, por sus seres queridos y por el mundo.

Capítulo 15: Preguntas frecuentes sobre los registros akáshicos

Muchas personas tienen preguntas sobre los registros akáshicos. Es comprensible que sientan curiosidad y quieran saber más antes de tomar una decisión que podría cambiar su vida. Por lo tanto, hemos recopilado estas preguntas frecuentes para aquellos que estén interesados en saber más sobre lo que pueden hacer los registros y cómo funcionan para que puedas tomar una decisión informada.

¿Qué son los registros akáshicos?

Los registros akáshicos son un lugar donde van todos sus pensamientos, palabras y actos. Son un registro de su pasado, presente y futuro. Los registros consisten en todos los pensamientos que ha tenido en su vida. Cuando accedemos a estos registros, no solo se accede a nuestros registros personales, sino también a los de otras personas vinculadas a nosotros a través de diversas conexiones, como familiares, amigos, compañeros de trabajo o incluso experiencias que hayamos compartido con ellos. Lo mejor es que todos tenemos el poder de beneficiarnos de la información que contienen los registros. Solo con conectar con los elementos sutiles de la naturaleza y la existencia, podemos responder a todas las preguntas que nos desconcierten.

¿Qué necesito para ver mis registros?

Para acceder a los registros, necesita una intención clara y estar en un estado de calma y relajación. No es necesario que caiga en un trance o en una meditación profunda, pero es útil que pueda aquietar su mente y concentrarse en su petición. También ayuda si sus chakras están alineados, ya que el flujo de energía mejorado y las vibraciones elevadas le ayudan a alcanzar un nivel más alto de conexión con las partes sutiles de la existencia, como los registros akáshicos.

¿Puedo hacer preguntas específicas sobre mi vida?

Sí, lo mejor es hacer preguntas específicas para obtener los resultados más precisos. Si no está seguro de qué información debe buscar, le recomendamos que haga estas dos preguntas principales:

¿Qué acontecimientos y experiencias fueron significativos (o traumáticos) en mi vida? ¿Qué decisiones tomé o qué cosas sucedidas influyeron en el curso de mi vida?

Tenga en cuenta que, aunque algunas respuestas no sean directas y adaptadas a usted, siguen siendo muy precisas. Debido a la naturaleza objetiva de los registros, las respuestas suelen venir en forma de conceptos a los que quizá no hayamos llegado con nuestro proceso de pensamiento actual.

¿Qué necesito saber ahora mismo para avanzar en mi vida? ¿Cuánto tiempo tardan los registros en responder?

La respuesta a esta pregunta depende de algunos factores. De lo clara que sea su petición y de la facilidad con la que se conecte con los registros. En algunos casos, las personas reciben sus respuestas en unos instantes. Por el contrario, los que son nuevos en el acceso a los registros pueden necesitar más tiempo y práctica para establecer la conexión, lo que puede llevar desde un par de días hasta incluso semanas o meses antes de que obtengan resultados o sientan que han agotado todas las opciones posibles de respuesta.

Los he leído. ¿Y ahora qué?

Si ha recibido la respuesta, lo mejor es actuar en consecuencia. Los registros akáshicos no son un entretenimiento ni algo con lo que jugar por diversión. Si recibe una respuesta que resuena con usted y se siente auténtica, actúe inmediatamente para que las cosas comiencen a cambiar para mejor lo antes posible. Si la respuesta no es clara para usted, tal vez necesite reflexionar más o meditar sobre ella. A veces, la respuesta que reciba será una pista diseñada para guiarle hacia la verdadera respuesta. El objetivo de una pista sería desafiarle lo suficiente como para ayudarle a crecer.

¿Puede cualquiera leer mis registros?

Los registros akáshicos no están pensados únicamente para aquellos a los que se lo permite un lector o sanador, por lo que no es necesario hacer nada para que otras personas puedan acceder a ellos. Cualquiera puede conectar con sus registros y acceder a la información que busca.

Acceder a los registros de otras personas requiere mucho entrenamiento y práctica. No es algo que deba intentar alguien nuevo en los registros akáshicos. Si quiere acceder a sus registros, siga los pasos que se indican en este libro.

Los registros akáshicos son una forma única de saber porque los datos son todos sobre ese individuo cuyos registros son accesibles, por lo que debe pedir permiso para mirar en sus registros. No aprenderá nada sobre el viaje del alma de otra persona. Percibirá y aprenderá sobre su vida y lo que ha elegido experimentar en esta vida, y este es un proceso sagrado que debe usarse con precaución, amor y luz.

¿Es malo leer mis registros muy a menudo?

No. No hay nada malo en acceder a sus registros akáshicos si siente que hacerlo le proporcionará una visión o guía para mejorar ciertos aspectos de su vida. Lo único que recomendamos es no quedarse atascado en el pasado ni revisar constantemente las experiencias traumáticas. Los registros están pensados para proporcionar orientación para el presente y el futuro, no para mantenerle atascado en lo que ya ha sucedido.

¿Cómo sé que el acceso a los registros ha funcionado?

Si cree que la información recibida de los registros es precisa y útil, es probable que haya funcionado. Sin embargo, a veces la gente necesita tiempo para que las cosas comiencen a tener sentido o surtan efecto en sus vidas. Los registros akáshicos no son una solución instantánea que cambie completamente su vida en una sola sesión. Por el contrario, su objetivo es proporcionar una guía que le lleve en la dirección correcta.

¿Qué tipo de conocimiento es accesible para usted una vez que ha abierto los registros akáshicos?

Tiene acceso ilimitado a los registros akáshicos. Esto significa que puede retroceder en el tiempo y ser testigo de su concepción, o incluso avanzar hacia el futuro para ver cómo puede ser su vida en los próximos años. Sin embargo, algunas cosas solo serán visibles cuando esté preparado para ellas en función de su desarrollo espiritual.

Además, los registros son una fuente de información sobre nuestras vidas aquí en la Tierra y contienen conocimientos sobre otras dimensiones, universos paralelos y más allá. A medida que progrese en su camino espiritual y se abra más a los niveles de conciencia expandida, accederá gradualmente a esta información también.

Puede obtener información sobre negocios, espiritualidad, crecimiento personal, relaciones, salud y mucho más.

Los registros akáshicos contienen una gran cantidad de conocimientos que esperan ser aprovechados. Así que, sea cual sea el tema por el que sienta curiosidad o busque orientación, es probable que los registros le proporcionen una respuesta. Sin embargo, recuerde que la información recibida debe utilizarse siempre como una herramienta para tomar mejores decisiones y no como una forma de culpar o juzgar a nosotros mismos o a los demás.

¿Qué es una sesión akáshica? ¿Debería hacer una?

Una sesión akáshica es cuando puede acceder a los registros akáshicos para obtener orientación y conocimiento sobre un tema o asunto particular de su vida.

Si se siente perdido, confundido o atascado, puede serle útil una sesión de registros akáshicos con alguien capacitado para acceder a ellos e interpretarlos. Este tipo de sesión puede ayudarle a avanzar en la vida y a tomar mejores decisiones para usted, por lo que se considera un recurso valioso.

Sin embargo, el acceso a los registros akáshicos también entraña riesgos (al igual que cualquier otra cosa que tenga que ver con lo invisible). Algunas personas pueden no recibir información precisa o una guía intuitiva, y otras pueden obsesionarse con los registros y revisar constantemente los acontecimientos del pasado. Por lo tanto, si decide realizar una sesión, asegúrese de tomar todo con mucha precaución y utilice su intuición para discernir lo que es correcto para usted.

¿Puedo acceder a los registros akáshicos sin una sesión?

Sí, es posible acceder a los registros akáshicos sin una sesión con otra persona. Muchas personas deciden hacerlo por su cuenta para obtener orientación y conocimiento sobre áreas específicas de sus vidas.

La mejor manera de acceder a los registros es a través de la meditación, ya que esto le ayudará a conectarse con su ser superior y le permitirá una mayor claridad al buscar información de los registros akáshicos.

Sin embargo, tenga en cuenta que si elige hacer esto sin una sesión, es posible que la información obtenida no sea 100% precisa o útil. Cuando meditamos y nos adentramos en nuestro interior, existen infinitas posibilidades de hacia dónde puede viajar nuestra conciencia. Pero, cuando otra persona entra en los registros, tiene más control sobre lo que se ve y se siente.

¿Cómo puede utilizar los registros akáshicos en su vida diaria?

Una vez que haya accedido a los registros, hay varias maneras en que pueden mejorar su vida diaria:

- Proporcionan orientación para la toma de decisiones y la resolución de problemas.
- A través de la meditación, también puede recibir mensajes de seres superiores y guías espirituales que le ofrecen orientación y apoyo.
- Le ayudan a conectar con su intuición y sabiduría interior.
- Los registros también pueden acceder a otras dimensiones, universos paralelos y más allá.

Así que, la próxima vez que se sienta perdido o atascado, pruebe a utilizar los registros akáshicos como herramienta de orientación y comprensión. Le sorprenderá la cantidad de información disponible y cómo puede ayudarle a mejorar su vida.

¿Qué debo esperar de una sesión akáshica?

Cuando tenga una sesión akáshica, es esencial recordar que la información recibida debe utilizarse siempre como una herramienta para ayudarle a tomar mejores decisiones y no como una forma de culpar o juzgar a usted mismo o a los demás.

Algunas de las cosas que puede esperar de una sesión akáshica son:

- Orientación sobre un asunto o tema en particular
- Visión del camino y el propósito de su vida
- Mensajes de guías espirituales o seres superiores
- Asistencia en la toma de decisiones
- Sanación de heridas del pasado

Los registros akáshicos son una poderosa herramienta que ofrece orientación y visión de nuestras vidas. Así que, si se siente perdido, confundido o atascado, una sesión akáshica puede ser la solución adecuada para usted.

¿Cómo afecta la energía bloqueada a los registros akáshicos?

Si hay energía bloqueada en un área particular de su vida, también puede afectar su acceso a los registros akáshicos. Cuando tenemos bloqueos o energía estancada en nuestra vida, se crea un obstáculo que nos impide avanzar.

Es importante hacer algún trabajo de sanación, como el yoga, la meditación o el reiki, para despejar esta energía bloqueada. Estos métodos ayudarán a liberar la energía estancada y permitirán una mayor claridad y comprensión al acceder a los registros akáshicos.

Por lo tanto, si se siente atascado o bloqueado de alguna manera, pruebe el trabajo de sanación para limpiar la energía. Le ayudará a obtener una mayor claridad y a acceder a los registros akáshicos con mayor facilidad.

¿Qué es la sanación akáshica?

La sanación akáshica es un proceso que ayuda a limpiar la energía bloqueada y a restablecer el equilibrio en el cuerpo. Puede ser un tratamiento independiente o en conjunto con otras formas de sanación, como el reiki o el masaje.

El propósito de la sanación akáshica es ayudarle a liberar cualquier emoción o pensamiento negativo que pueda estar bloqueando su energía. Al hacerlo, experimenta una mayor fluidez y una sensación de armonía consigo mismo y con el mundo que le rodea.

A través de la sanación akáshica, es posible liberar emociones, como el miedo, la culpa, la vergüenza o la ira que pueden estar bloqueando sus canales de energía. Algunas personas también optan por utilizar una sesión akáshica junto con su tratamiento, ya que esto les ayuda a proporcionar una mayor sensación de comprensión y conexión.

Así que, si se siente bloqueado o estancado de alguna manera, pruebe una sesión akáshica junto con un trabajo de sanación como el reiki o el masaje. Puede que descubra que su energía se restablece y fluye más libremente que antes.

¿Y si no creo en las vidas pasadas?

No pasa nada. No es necesario creer en vidas pasadas para acceder a los registros akáshicos. Los registros son un depósito de información que existe fuera del tiempo y el espacio, por lo que nuestras creencias o nuestra propia comprensión no los limitan.

Por lo tanto, si tiene curiosidad por los registros, pero no cree necesariamente en las vidas pasadas, aún puede acceder a la información disponible.

¿Qué es el trabajo en la sombra?

El trabajo de sombras es el proceso de explorar y sanar los aspectos más oscuros de nuestra psique, como la ira, el miedo, la culpa o la vergüenza.

El propósito del trabajo de la sombra es traer estos aspectos más oscuros a la luz para que puedan ser sanados e integrados en nuestras vidas. Al hacer esto, creamos un mayor equilibrio dentro de nosotros mismos y permitimos que fluya más energía positiva en nuestras vidas.

Así que, si está buscando una forma de sanar los aspectos más oscuros de su psique, pruebe una sesión akáshica junto con un trabajo de sombras como el yoga o la meditación. Le ayudará a eliminar cualquier bloqueo y su vida podrá llenarse de mayor paz y alegría.

¿Qué es la deuda kármica?

La deuda kármica es cualquier asunto no resuelto o trauma que hayamos llevado con nosotros de vidas pasadas, incluyendo el dolor de corazón, la enfermedad, la pobreza y la adicción, entre otros.

Muchas personas se sienten agobiadas por esta deuda kármica que les impide avanzar en sus vidas. Estos problemas también pueden manifestarse como síntomas físicos, como el dolor o la enfermedad.

Trabajando con los registros akáshicos, puede liberar esta deuda kármica y permitir una mayor sensación de paz en su vida. Le ayudará a avanzar en su viaje sin estar agobiado por asuntos del pasado que ya no le sirven.

¿Qué pasa si no actúa sobre la información recibida en un registro akáshico?

No pasa nada. No tiene que actuar sobre cualquier cosa que reciba durante una sesión akáshica. Los registros son una herramienta para el autodescubrimiento, así que depende de usted si decide o no tomar alguna acción en respuesta a la información.

Para muchas personas, el acceso a los registros akáshicos puede ser muy poderoso, ya que les permite tomar el control de sus vidas. Sin embargo, es importante recordar que usted siempre está a cargo, y los registros nunca le dirán qué hacer.

Si siente curiosidad por los registros akáshicos, pero no está seguro de querer emprender alguna acción basada en la información recibida, simplemente observe y vea cómo se siente. Es posible que la información comience a resonar en usted con el tiempo y, finalmente, le lleve a tomar medidas en su vida.

¿Puede el acceso a los registros akáshicos conducir a la curación mental?

Algunas personas creen que acceder a los registros akáshicos conduce a la sanación mental. Muchas personas descubren que revisar sus registros akáshicos les ayuda a identificar y sanar las causas fundamentales de sus problemas de salud mental. Si está luchando con un problema de salud mental, podría valer la pena considerar si el acceso a sus registros akáshicos podría ayudarle a sanar.

¿Pueden los registros akáshicos revelar vidas pasadas?

Sí, los registros akáshicos suelen revelar vidas pasadas. Muchas personas descubren que comprender sus vidas pasadas les ayuda a entender su situación vital actual.

¿Los registros akáshicos me darán siempre una respuesta?

No, los registros akáshicos no siempre le darán una respuesta. A veces los registros proporcionan más preguntas que respuestas porque son una herramienta para el autodescubrimiento, y depende de usted interpretar la información que recibe.

Sin embargo, los registros siempre son precisos y nunca le dan información falsa. Es usted quien decide qué hacer con la información que recibe.

¿Puedo utilizar los registros akáshicos para fines comerciales?

Sí, los registros akáshicos pueden utilizarse con fines comerciales. Muchas personas descubren que el acceso a los registros les ayuda a identificar y resolver problemas que afectan a su negocio.

Si está buscando una manera de mejorar su negocio, considere la posibilidad de trabajar con los registros akáshicos. Los registros pueden proporcionarle una valiosa visión de lo que está bloqueando su éxito y cómo puede superar estos obstáculos.

¿Cuándo puedo esperar resultados del trabajo con los registros akáshicos?

Esta es una pregunta difícil de responder, ya que la experiencia de cada persona es diferente. Algunas personas reciben resultados casi inmediatamente después de trabajar con los registros akáshicos. Otros tardan más en ver cambios en sus vidas.

Es imperativo recordar que los registros son una herramienta para el autodescubrimiento y nunca le dirán qué hacer o le darán una solución.

¿Cuánto dura una sesión de registros akáshicos?

Una sesión de registros akáshicos puede durar entre 45 minutos y una hora, dependiendo de si hay registros que deban leerse y del tiempo que la persona que recibe la lectura necesite para obtener la información.

¿Qué debo hacer después de una sesión de registros akáshicos?

Después de recibir su lectura, es importante que reflexione sobre toda la información que recibió durante su sesión para integrarla en su vida. Es aconsejable que escriba algunas notas sobre lo que le ha resonado o que dedique un tiempo a meditar sobre la información que ha recibido.

¿Qué debo evitar durante una lectura de registros akáshicos?

Hay algunas cosas que hay que tener en cuenta cuando se exploran los registros akáshicos. En primer lugar, intente no adelantarse ni hacer suposiciones sobre lo que podría encontrar durante la lectura.

Es esencial estar abierto y receptivo a la información que se presenta durante la sesión.

En segundo lugar, evite llegar a una lectura de registros akáshicos con cualquier expectativa. Recuerde que se trata de un proceso de autodescubrimiento y es posible que no reciba todas las respuestas que busca. Sea paciente y permítase explorar a su ritmo.

En tercer lugar, evita llegar a la lectura con negatividad o juicio. Recuerde que los registros akáshicos son un reflejo de su energía, y obtendrá de ellos lo que ponga. Si se acerca a su sesión con una mente abierta y con la voluntad de aprender, probablemente encontrará que recibe un inmenso beneficio de su lectura.

¿Cuándo debería programar una lectura de los registros akáshicos?

Hay muchas razones diferentes por las que la gente elige programar una lectura de los registros akáshicos con un médium psíquico. A muchas personas les resulta útil cuando quieren conectarse con sus seres queridos que han fallecido, y otras se sienten atraídas por la exploración de los registros con fines de crecimiento personal o espiritual.

¿Con qué frecuencia debería acceder a sus registros akáshicos?

No hay una respuesta correcta o incorrecta sobre la frecuencia con la que se debe acceder a los registros akáshicos. Algunas personas consideran que solo necesitan acceder a ellos una vez al año, mientras que otras exploran los registros con regularidad. Depende de usted y de lo que le resulte más cómodo.

¿Los registros akáshicos están abiertos a todo el mundo?

Sí, los registros akáshicos están abiertos a todo el mundo. Algunas personas pueden experimentar barreras a la hora de acceder a sus registros (como interferencias espirituales), pero la capacidad de las personas no se ve afectada por el nivel de educación ni por ningún otro factor, como la nacionalidad o la cultura.

Los registros akáshicos son una poderosa herramienta para el autodescubrimiento y el crecimiento. Si tiene curiosidad por explorar los registros, asegúrese de mantener la mente abierta y de acercarse a su lectura con la voluntad de aprender. Cuanto más abierto esté, más beneficios recibirá de su lectura.

Capítulo 16: Llegar a los registros akáshicos en 30 días

Como ya sabe, los registros akáshicos nos permiten ver el mundo desde un punto de vista totalmente diferente. La experiencia nos ayuda a captar un sentido más profundo y amplio del universo y de la existencia. Si reflexionamos sobre la experiencia humana cotidiana, descubriremos que la mayoría de nosotros nos vemos consumidos por los dramas, traumas y problemas mundanos a los que nos enfrentamos. A menudo nos dejamos agobiar por las pesadas energías del plano terrestre. Sin embargo, acceder a los registros akáshicos nos lleva a un lugar completamente diferente, donde puede sentir cómo se eleva su energía. Adquirir los registros akáshicos equivale a alcanzar un plano vibratorio significativamente elevado. En ese momento, se sentirá como si todos los dramas, traumas y problemas de la Tierra hubieran disminuido.

Cuando ha accedido a los registros akáshicos, ha accedido a la oportunidad de obtener claridad de cómo se conectan todos sus traumas y asuntos. Comprende mejor por qué ha elegido estos desafíos, en particular, para trabajar y superar durante su vida. Le concede una mejor conciencia de todas sus oportunidades de crecimiento y desarrollo y de las infinitas posibilidades que le ofrecen sus decisiones. Esta mentalidad sustituye a una perspectiva muy baja de la vida, rebosante de problemas y obstáculos. Esta experiencia puede ser bastante abierta y puede llamar su atención sobre nuevas realizaciones. Incluso puede llegar a darse cuenta de que un determinado asunto o disputa es un fragmento de un ciclo kármico que está destinado a terminar. Tal vez lo más interesante de llegar a sus registros akáshicos es aprender acerca de todas sus conexiones e interacciones que se remontan a nuestro espacio y tiempo actuales y a una línea de tiempo y vida totalmente alternativa. Estas revelaciones llaman su atención sobre cuestiones similares que ha experimentado en un punto específico en el tiempo, y que está aquí, ahora, para resolver actuando más sabiamente y con atención.

Piense en los registros como un plano que refleja todo lo celestial, que refleja todo lo que queremos y todas las elecciones que hacemos. Es probable que entre en contacto con su yo superior al acceder a los registros, lo que le proporcionará información sobre cómo le afectaron sus elecciones. Le ayuda a identificar si algunos de los aspectos actuales de su vida no están alineados con el camino de su alma y, por tanto, le hacen sentirse agotado e infeliz. Cuando adquiere una visión más clara del razonamiento que hay detrás de estas decisiones, tiene la oportunidad de replantearse sus elecciones y ponerse en sintonía con el propósito de su alma.

Según la metafísica y la psicología, los traumas pueden heredarse por generaciones. Desbloquear sus registros le ayuda a liberarse de la deuda kármica generacional y a allanar el camino hacia un sinfín de bendiciones. Son una excelente manera de descubrir sus puntos fuertes y los puntos débiles que persisten en la composición de su alma. Ignorar las insuficiencias emocionales y mentales hará que, tarde o temprano, se revelen a través de dolencias físicas. Afortunadamente, la comprensión que adquiere de su ser innato le ayuda a aceptar e incluso a enfrentarse a sus traumas, miedos, bloqueos energéticos y patrones poco saludables que ha acumulado a lo largo de una serie de vidas. Consigue identificar las cosas y los individuos que ya no le sirven y por qué sigue atrayéndolos a su vida. En este punto, tiene el poder de iniciar el cambio.

Este capítulo proporciona una guía de 30 días para llegar a sus registros akáshicos. Esta guía le ayudará a elevar su energía y a prepararse para la experiencia. También encontrará varias prácticas recomendadas y cosas que no debe hacer cuando intente acceder a los registros. Por último, este capítulo incluye valiosos consejos y directrices.

Guía de 30 días para acceder a los registros akáshicos

Es necesario que se prepare antes de acceder a sus registros akáshicos. Como se ha explicado anteriormente, llegar a los registros akáshicos puede ser y será una experiencia que cambiará su vida. Aunque es muy gratificante, cambiará su percepción de muchos aspectos de la vida y de la experiencia humana. Seguir una guía de 30 días que eleve su energía vibratoria y obtenga puntos de vista diferentes y más elevados de la vida le ayudará a acoger el viaje con los brazos abiertos. También facilita el acceso a los registros, ya que, como recordará, puede llevar semanas o meses alcanzarlos. Prepararse para esta experiencia le permitirá entrar y salir de ella con seguridad. La siguiente guía de 30 días le ayuda a entrar con facilidad, pero le hace sentirse increíblemente poderoso, equilibrado y, en general, más feliz.

Día 1

- Beba un vaso de agua.
- Utilice incienso y salvia para limpiar su habitación.
- Practique la atención plena durante 5 minutos.
- Dé un paseo de 15 minutos por la naturaleza.

Día 2

- Deje que el aire y la luz naturales entren en su habitación.
- Practique la visualización durante 2 minutos.
- Puede visualizar cualquier cosa que desee.
- Conéctese a la tierra durante 5 minutos.

Día 3

- Diga 5 afirmaciones positivas.
- Pueden ser sobre la gratitud, el amor propio, el éxito, etc.
- Beba un vaso de agua.
- Haga algo bueno por alguien.
- No tiene que ser un gran gesto.

- Puede ser algo tan pequeño como ofrecerle una tableta de chocolate.

Día 4
- Beba un vaso de agua.
- Coma verduras saludables.
- Dé un paseo de 30 minutos.
- Practique la atención plena durante 5 minutos.

Día 5
- Practique la visualización durante 2 minutos.
- Puede visualizar cualquier cosa que desee.
- Escriba en un diario sus percepciones.
- ¿Qué ha visualizado? ¿Cómo le hizo sentir? Incluya detalles.
- Una mascota, un animal.

Día 6
- Beba un vaso de agua.
- Respire profundamente durante 2 minutos.
- Piense en 3 cosas buenas de su vida.
- Escríbalas.

Día 7
- Piense en 5 cualidades positivas de sí mismo.
- Evite hablar negativamente de sí mismo, aunque sea en el contexto de una broma.
- No hable negativamente de los demás.
- Sonría a un desconocido.

Día 8
- Medite durante 5 minutos.
- Escuche música relajante.
- No participe en conversaciones negativas.

Día 9
- Beba un vaso de agua.
- Dé un largo paseo por la naturaleza.
- Escriba sus emociones en un diario.

Día 10
- Conéctese a la tierra durante 3 minutos.
- Escuche 144 Hz (frecuencia del tercer ojo).
- Limpie su habitación con incienso y salvia.

Día 11
- Practique yoga durante 15 minutos.
- Tome un baño caliente de sal.
- Haga una pausa en las redes sociales y la tecnología.

Día 12
- Beba un vaso de agua.
- Coma alimentos limpios.
- Coma de forma equilibrada.
- Evite la comida basura.
- Coma muchas verduras.
- Practique comer solo hasta que esté saciado.

Día 13
- Diga afirmaciones positivas sobre sí mismo.
- Exprese su gratitud hacia los demás.
- Escriba en un diario sus pensamientos y sentimientos.

Día 14
- Practique la atención plena durante 7 minutos.
- Beba un vaso de agua.
- Dé un paseo de 30 minutos por la naturaleza.

Día 15
- Ayude a alguien que lo necesite.
- Pruebe algo nuevo.

- Haga algo que nunca pensó que haría (paracaidismo, puenting, esquí, equitación, etc.)
- Escriba su experiencia y cómo se sintió con todo detalle.

Día 16
- Beba un vaso de agua.
- Suba por las escaleras en lugar de utilizar el ascensor.
- Haga ejercicio durante 15 minutos.

Día 17
- Evite a las personas tóxicas.
- No beba alcohol.
- Evite el alcohol durante ese día y elimínelo o redúzcalo durante los 13 días restantes.
- Evite las discusiones.

Día 18
- Conéctese a la tierra durante 5 minutos.
- Respire profundamente durante 2 minutos.
- Lea un artículo o una entrada de blog positiva.

Día 19
- Beba un vaso de agua.
- Dé un paseo de 15 minutos por la naturaleza.
- Permítase preguntarse sobre el mundo.
- Escriba sus preguntas.

Día 20
- Beba un vaso de agua.
- Escuche 144 Hz (frecuencia del tercer ojo).
- Piense en las cosas que desea aprender sobre sí mismo y escríbalas.

Día 21
- Lleve su cristal favorito en forma de collar o pulsera.
- Utilice la aromaterapia.
- Escriba sus pensamientos en un diario.

Día 22
- Beba un vaso de agua.
- Escuche 963 Hz (frecuencia del chakra de la corona).
- Intente conectar con sus guías espirituales.

Día 23
- Dé un paseo de 15 minutos por la naturaleza.
- Busque señales del universo.
- Pueden ser cualquier cosa con la que resuene (una mariposa blanca, números de ángeles o palabras recurrentes).

Día 24
- Utilice salvia.
- Pruebe una meditación de regresión a vidas pasadas.
- Escriba su experiencia en un diario.

Día 25
- Beba agua.
- Escuche 192 Hz (frecuencia del chakra de la garganta).
- Observe dónde la sintió y cómo la hizo sentir.

Día 26
- Visite a un practicante de reiki, hágase un masaje, o consiéntase con cualquier forma similar de curación energética.
- Escriba su experiencia en un diario.
- Lea las oraciones akáshicas.

Día 27
- Limpie su habitación con salvia.
- Practique la atención plena durante 5 minutos.
- Póngase en contacto con sus guías.

Día 28
- Plantee preguntas en torno a un tema concreto de su vida.
- Visualice las respuestas.

- Escriba en su diario lo que ha visto.

Día 29
- Beba un vaso de agua.
- Dé un largo paseo por la naturaleza.
- Regálese algo agradable.

Día 30
- Medite durante 5 minutos.
- Lea las oraciones akáshicas.
- Escriba un diario sobre los últimos 30 días.
- Incluya cualquier recuerdo notable, cómo se sintió y si cambió de alguna manera (podría ser su mentalidad o la forma en que se siente).

Qué hacer y qué no hacer

Ahora que ha completado la guía de 30 días y está listo para acceder a sus registros akáshicos, es útil conocer algunas de las mejores prácticas y cosas que puede hacer para ayudarle a llegar a los registros más fácilmente. También aprenderá lo que debe evitar antes y después de su intento de llegar a los registros.

Qué hacer

- Es recomendable que utilice sus cristales favoritos cuando acceda a sus registros akáshicos. Además de promover la curación, equilibrar sus chakras y elevar sus energías, que son todas las cosas de las que puede beneficiarse significativamente al llegar a sus registros, ofrecen protección. Llevar cristales como la hematita, la turmalina negra, el ónix o la obsidiana negra como pulsera o collar garantiza su seguridad.

- Probablemente haya notado que beber un vaso de agua era una tarea recurrente en la guía de 30 días. Mantenerse hidratado es vital para nuestra salud, y el agua es también un excelente conductor de energía. Las fuentes de agua se utilizan habitualmente en el feng shui, ya que ayuda al movimiento de las energías y al fomento de la prosperidad. Está muy asociada al flujo de buen qi (energía). El agua elimina las toxinas dañinas que afectan negativamente a nuestras energías vibratorias. También facilita el proceso de entrar en contacto con el plano superior.

- La quema de salvia limpia y purifica la zona, eliminando su cuerpo, los objetos circundantes y el espacio en general de la mala energía. Esto le permite invitar a una energía mejor y más positiva a su espacio. Le ayuda a alcanzar un estado de sanación, a refinar la intuición y a conectar con el reino espiritual. Debe llamar a sus guías espirituales para que le ayuden a purificar la energía de su espacio. Pídales a ellos, o a su arcángel, que pongan una llama violeta en el centro de su espacio, en cada esquina, en la ventana y en la parte superior de cada puerta para alejar a los seres con energías inferiores.

- Otra tarea recurrente en la guía de 30 días fue la de conectarse a tierra y practicar técnicas de atención plena. Tomarse un momento para moverse, estirar el cuerpo y conectarse a tierra ayuda a relajarse y a eliminar cualquier pensamiento o sentimiento intrusivo. Le ayuda a mantenerse muy consciente y atento mientras accede a sus registros. También necesita mantener los ojos bien abiertos mientras llega a los registros. El proceso es nuevo y puede inducir al sueño, por lo que no querrá adormecerse y quedarse dormido durante la lectura.

Qué no hacer

- Aunque este puede parecer un "no hacer" extraño, tiene mucho sentido. No debe comer en exceso antes de intentar acceder a sus registros akáshicos. Un estómago demasiado lleno puede hacerte sentir muy incómodo y cansado. Puede ser increíblemente difícil concentrarse después de tener una comida pesada, lo que hace difícil elevar sus vibraciones y hace que se sienta muy somnoliento y adormecido.

- No debe beber alcohol al menos 24 horas antes de su sesión de lectura de discos. El alcohol, como probablemente sepa, dificulta su equilibrio y compostura. Puede hacer que no esté en sintonía con su estado mental, físico y espiritual, lo que hace casi imposible igualar la frecuencia vibratoria del plano superior.

- Evite las conversaciones intensas o participar en peleas o discusiones con otras personas antes de su sesión de lectura de discos. Las discusiones reducen significativamente su vibración. Pueden disminuir su energía y hacer que se sienta agotado o frustrado. Estas emociones negativas pueden llegar a ser tan poderosas que no pueda concentrarse en nada más.

- Necesita evitar los ambientes ruidosos cuando se está preparando para acceder a sus registros akáshicos. Cualquier elemento no deseado o distracción puede interferir con su energía vibratoria. También harán que el acceso al plano superior sea más difícil. Manténgase alejado de la música alta, los niños, la televisión y cualquier otra forma de ruido.

- Nunca debe intentar acceder a los registros akáshicos cuando se sienta cansado. Navegar por el plano superior requiere mucha fuerza, energía y concentración. No querrá arriesgarse a sentirse aún más fatigado. Además, evita cualquier intento cuando se sienta mal, estresado, quemado, inquieto, deprimido o molesto. Acceder a los registros cuando sienta cualquier forma de negatividad puede ser perjudicial.

Consejos y directrices

Hay algunas pautas que debe seguir cuando acceda a los registros akáshicos. No pretenden ser excesivamente estrictas, ni pretenden quitarle la diversión al proceso. El propósito principal de estas pautas es ayudarle a aprender, desarrollarse y crecer con la ayuda de los registros sin obstaculizar o afectar su experiencia de ninguna manera.

- **Mantenerse presente y consciente**

Es crucial estar presente en su cuerpo y ser consciente de su ser. La guía de 30 días incluía varias tareas relacionadas con la atención plena y la conexión a tierra por este motivo. Cuanto más practique, más fácil será ponerlas en práctica en su experiencia de acceso al registro. Como se ha mencionado anteriormente, también es necesario mantener los ojos abiertos durante la práctica. Es algo con lo que la mayoría de los clarividentes luchan. Si es clarividente, es posible que le cueste visualizar con los ojos abiertos. Si este es el caso, ensaye cerrando los ojos durante uno o dos minutos para visualizar una imagen y reunir algo de información antes de volver a abrir los ojos. Puede que le resulte más fácil fijar los ojos en una pared en blanco, de modo que le resulte más fácil "ver" imágenes y cosas a través del ojo de su mente. Es útil practicar las tareas de visualización de la guía de 30 días con los ojos abiertos. Con el tiempo, verá imágenes vívidas con los ojos abiertos.

- **Hacerlo un hábito**

Una vez que le haya agarrado el truco, asegúrese de acceder a sus registros con frecuencia, ya que pueden servirle de guía indispensable en su vida diaria. Integrarlo como un hábito puede cambiar su vida personal y profesional. Incluso es posible que quiera acceder a sus registros varias veces a lo largo del día, ya que puede recibir, sentir, oír, conocer y ponerse en contacto de forma intuitiva con la información que necesite. Por lo tanto, se beneficia enormemente si aprende a acceder a sus registros con los ojos bien abiertos.

- **Utilizar su nombre legal completo**

No debe utilizar necesariamente su nombre de soltera o de nacimiento para acceder a sus registros. En su lugar, asegúrese de utilizar el nombre que aparece en sus registros legales, como su pasaporte o licencia de conducir. Si no utiliza su nombre legal, podría darse cuenta de que su registro carece de la información completa. Utilizar un apodo o incluso su nombre espiritual solo le permite acceder a una pequeña parte de sus registros akáshicos.

- **Leer sus oraciones - No memorizarlas**

Las palabras llevan vibraciones. Son símbolos que donan niveles de energía al ser leídos, vistos o escuchados. Leer una oración en voz alta puede tener mucho poder, ya que está leyendo, escuchando y sintiendo la oración y su energía simultáneamente.

Con la repetición, descubrirá que las oraciones se han incrustado en su cerebro. Aun así, intente no recitarlas sin sentido. Este es un aspecto en el que su capacidad para canalizar su intención le será de gran utilidad.

- **Buscar respuestas de forma activa y deliberada**

Busque deliberadamente las respuestas a sus preguntas, ya que esto profundizará su reconocimiento de la información que recibe. Acceder a los registros akáshicos es un proceso que depende en gran medida de las preguntas que quiera explorar. Es útil escribir al menos de 5 a 7 preguntas en torno a un solo tema que desee comprender más profundamente. Hacer preguntas sobre diferentes temas no relacionados no será de gran ayuda. Mientras tanto, recibir varias piezas de información sobre un mismo tema le permite unir los fragmentos para completar una gran imagen.

- **Ser ético y recto**

Cuando está trabajando con los registros akáshicos, asegúrese de hacer preguntas sobre usted y solo sobre usted. Puede aprender un sinfín de cosas sobre sí mismo, por lo que debe aprovechar al máximo este tiempo y descubrir las diferentes facetas de su ser. Es su oportunidad para centrarse y descubrir quién es usted e identificar las cosas que le impiden alinearse con el propósito de su alma y alcanzar sus objetivos. Es su oportunidad de preguntarse por qué ha elegido su familia y su vida o cuál es su próximo gran paso. No debe interferir en los asuntos de otras personas, aunque estén ligeramente relacionados con usted. Por ejemplo, aunque sea tentador, no debe preguntar si su pareja le engaña. Es una pregunta que va más allá de su integridad. Una pregunta mejor sería: "¿qué me impide sentirme cerca de mi pareja?". Utilice este tiempo para recibir respuestas que le ayuden a crecer como persona. Necesita la información para impulsar su crecimiento espiritual y recorrer su camino del alma.

- **Mantener sus oraciones akáshicas consigo**

Ya sea una imagen de las oraciones o una nota que lleve en su cartera, debe llevar siempre consigo sus oraciones akáshicas. No solo para que pueda acceder al reino cuando lo necesite, sino también para que pueda familiarizarse con las oraciones. Del mismo modo que un músico se beneficia de escuchar música y un actor de escuchar monólogos, usted también se beneficiaría que las oraciones formaran parte de su vida diaria.

- **No enseñar las oraciones**

Convertirse en un practicante con suficiente experiencia para enseñar a otros requiere mucho tiempo, dedicación y esfuerzo. Enseñar a otros a acceder al reino akáshico es una gran responsabilidad. Aunque la práctica puede parecer bastante sencilla, las oraciones son increíblemente poderosas. Si se tratan con falta de respeto y descuido, se puede infligir una gran cantidad de karma al que las realiza. No es algo que deba enseñarse rápidamente por entusiasmo. Si quiere beneficiar a un amigo, remítalo a un recurso profesional.

- **La consistencia es la clave**

Considere acceder a sus registros akáshicos una vez al día durante un mes. Asegúrese de anotar sus percepciones cada vez. Puede comenzar con 25 minutos de escritura e ir aumentando cuando pueda. El entrenamiento para acceder a sus registros y profundizar en sus percepciones se consigue con la práctica. Muchas personas luchan con la fatiga física al principio, ya que no están acostumbradas a las altas frecuencias vibratorias de la energía. Sin embargo, no debería resultarle demasiado difícil, ya que la guía de 30 días está diseñada para facilitarle el proceso y elevar su energía general. Puede que se sienta cansado al principio, teniendo en cuenta que los registros akáshicos están en un nivel de energía mucho más alto.

- **Ser paciente**

Hemos mencionado anteriormente que el camino hacia el acceso fluido al reino akáshico es largo y sinuoso. De la misma manera que requiere disciplina y consistencia, también requiere mucha paciencia. En los días en que se sienta emocional y espiritualmente agotado, no se castigue. Los días de descanso se han incluido en la guía de 30 días, pero debemos reiterar la importancia de permitirse descansar sin ninguna culpa. Esto es especialmente cierto si es el tipo de persona que hace ejercicio los siete días de la semana porque prefiere no perder el tiempo.

- **Ser amable**

En los días en que sienta que no ha progresado, no se deprima. Acepte que no siempre encontrará progresos, pero eso no significa que sus esfuerzos hayan sido inútiles. Mantenga su mirada en el hecho de que usted está en su propio equipo; usted no es el enemigo.

Acceder a los registros akáshicos le permite ver la vida desde un punto de vista completo. Le ayuda a recordar y recuperar el contacto con lo que usted es genuinamente en esencia y en profundidad. En última instancia, recuerde que es un alma divina e infinita y que su experiencia humana es un juego, al menos por el momento. Todo el proceso de llegar y experimentar los registros akáshicos tiene como objetivo elevar su frecuencia vibratoria. No puede acceder a los registros hasta que esté listo, y para estarlo, debe implementar varios cambios en su estilo de vida y hábitos. Estos cambios son todos positivos, lo que sin duda mejorará su calidad de vida en general, lo que significa que el proceso, de principio a fin, es transformador y altamente gratificante.

Conclusión

Ahora que tiene todos estos conocimientos, es el momento de ponerlos en práctica. Puede hacer un hábito de meditación diaria y llevar un diario sobre las experiencias que tuvo a través de sus viajes. Estos son algunos de los beneficios que recibirá al conectarse regularmente con sus guías espirituales.

Esperamos que si antes estaba confundido acerca de los registros akáshicos, ahora tenga una mejor comprensión de lo que son y cómo conectarse con ellos.

Lo principal que queremos es que todos los que lean este libro se lleven nuestro conocimiento e inspiración. Le animamos a que siga aprendiendo sobre los registros akáshicos y a que los utilice como una herramienta de crecimiento personal. A medida que eleve su vibración y se conecte con sus guías espirituales, accederá a más información de los registros. Este conocimiento le ayudará a vivir una vida más feliz y satisfactoria.

En este libro hemos estudiado varias técnicas y le animamos a que las pruebe todas. Encuentre las que mejor le funcionen y siga con ellas. Cuanto más practique, más fácil le resultará conectar con sus guías espirituales y acceder a los registros akáshicos.

El karma es una fuerza poderosa que se manifiesta en nuestras vidas a través de los registros akáshicos. Ayuda a entender qué es el karma, cómo funciona y cómo se puede cambiar. Esperamos que este libro le haya proporcionado conocimientos sobre cómo hacer precisamente eso.

Ahora también sabe más sobre sus chakras y cómo desbloquearlos. Hay muchas maneras de hacerlo, y hemos cubierto algunas de ellas en este libro. De nuevo, encuentre las que mejor funcionen para usted y siga practicando hasta que se conviertan en algo natural.

La lectura de los registros puede ser muy abrumadora al principio, pero con el tiempo se vuelve más fácil. Hay mucha información en los registros akáshicos, así que no sienta que tiene que tomarlo todo de una sola vez. Esto también se puede decir de cualquier otra cosa que sea un reto en la vida. No deje que eso le impida avanzar. Ponga en práctica varias técnicas hasta que encuentre las que mejor le funcionen y siga aprendiendo todo lo que pueda. Con tiempo y dedicación, se conectará con sus guías espirituales y accederá fácilmente a los registros akáshicos.

Aunque la información de este libro puede parecer abrumadora al principio, no deje que le intimide. No tiene que leer el libro de principio a fin en una sola sesión, ni tiene que practicar todos los pasos diariamente. Le recomendamos que se tome su tiempo y vuelva a él cuando necesite ayuda con algo específico.

Queremos dejarle con una última reflexión. Los registros akáshicos son una fuente infinita de conocimiento y sabiduría. A medida que continúe conectando con ellos, accederá a más y más de esta información. Esperamos sinceramente que utilice este poder para el bien de todos los seres.

Vea más libros escritos por Silvia Hill

Referencias

Akasha. (s.f.). Theosophy.World. Extraído de https://www.theosophy.world/encyclopedia/akasa

Akasha y los registros akáshicos. (2014, 27 de marzo). Blavatskytheosophy.Com. https://blavatskytheosophy.com/akasha-and-the-Akashic-records

Nash, A. (2020). Los Registros Akáshicos: Orígenes y relación con los conceptos occidentales. Revista Centroeuropea de Religión Contemporánea, 3(2), 109-124.

Los planos en la Teosofía. (s.f.). Theosophy.World. Extraído de https://www.theosophy.world/encyclopedia/planes-theosophy

¿Qué son los Cinco Elementos o Pancha bhoota? (2021, 21 de mayo). Sadhguru.Org. https://isha.sadhguru.org/us/en/wisdom/article/five-elements-pancha-bhuta

Holisticism. (2019, 28 de junio). Qué son los registros akáshicos? Extraído de la página web de Holisticism: https://medium.com/holisticism/what-are-the-Akashic-records-ede3bee05673

Neil. (2019, 29 de octubre). Beneficios de los Registros Akáshicos - Comprueba los beneficios a los que puedes acceder. Extraído de la página web GlobalAkasha.com: https://globalAkasha.com/Akashic-records-benefits

Wigington, P. (s.f.). Entender los Registros Akáshicos y cómo acceder a ellos. Extraído del sitio web Learnreligions.com: https://www.learnreligions.com/Akashic-records-4783264

Hardman, J. (2020, 11 de septiembre). Así es como los Registros Akáshicos pueden ayudar a sanar tus heridas más profundas. Thoughtcatalog.Com. https://thoughtcatalog.com/josephinehardman/2020/09/heres-how-the-Akashic-records-can-help-heal-your-deepest-wounds

Jayaram, V. (s.f.). El concepto de karma en el hinduismo. Hinduwebsite.Com. Extraído de https://www.hinduwebsite.com/conceptofkarma.asp

Regan, S. (2020, 17 de julio). 4 señales de que estás recibiendo una lección kármica y cómo actuar. Mindbodygreen.Com; mindbodygreen. https://www.mindbodygreen.com/articles/signs-youre-receiving-a-karmic-lesson-and-what-to-do-about-it

Qué es un ciclo kármico y 8 cosas que puedes hacer para romperlo. (2020, 18 de septiembre). Herway.Net. https://herway.net/what-a-karmic-cycle-is

Qué es un ciclo kármico y cómo romper un ciclo kármico. (2020, 29 de marzo). Themindfool.Com. https://themindfool.com/karmic-cycle

Ferrante, C. (2021, 23 de marzo). Soy una lectora de Registros Akáshicos, y esto es lo que puedes esperar durante una lectura conmigo. Extraído del sitio web de Well+Good: https://www.wellandgood.com/what-are-Akashic-records

Holisticism. (2019, 28 de junio). Qué son los registros akáshicos? Extraído de la página web de Holisticism: https://medium.com/holisticism/what-are-the-Akashic-records-ede3bee05673

Jonathan, O. (2020, 18 de noviembre). Cómo desbloquear cada chakra. Extraído de la página web Laquilaactive.com: https://laquilaactive.com/how-to-unblock-each-chakra

Lindberg, S. (2020, 24 de agosto). ¿Qué son los chakras? Significado, ubicación y cómo desbloquearlos. Extraído de la página web Healthline.com: https://www.healthline.com/health/what-are-chakras

Stelter, G. (2016, 4 de octubre). Chakras: Una guía para principiantes sobre los 7 chakras. Extraído de la página web Healthline.com: https://www.healthline.com/health/fitness-exercise/7-chakras

5 formas de abrir el chakra del corazón - goodnet. (s.f.). Extraído del sitio web Goodnet.org: https://www.goodnet.org/articles/5-ways-to-open-your-heart-chakra

Bertone, H. J., CNHP, PMP, & Hoshaw, C. (2021, 20 de octubre). 9 tipos de meditación: ¿Cuál es el adecuado para usted? Healthline.Com. https://www.healthline.com/health/mental-health/types-of-meditation

Psycom.Net - recurso de tratamiento de salud mental desde 1996. (s.f.). Psycom.Net. Extraído de https://www.psycom.net/anxiety-test

Autotratamiento de Reiki. (s.f.). Clevelandclinic.Org. Extraído de https://my.clevelandclinic.org/health/treatments/21080-reiki-self-treatment

Villines, Z. (2021, 21 de abril). Ansiedad y niebla cerebral: Síntomas, causas y tratamiento. Medicalnewstoday.Com. https://www.medicalnewstoday.com/articles/anxiety-and-brain-fog

Blanchard, T. (2021, 26 de agosto). ¿Cómo utilizar el incienso para la limpieza y la protección? Outofstress.Com; Outofstress.com. https://www.outofstress.com/incense-for-cleansing-protection

Cho, A. (s.f.). Cómo sahumar su casa para invitar a la energía positiva. Thespruce.Com. Extraído de https://www.thespruce.com/how-to-smudge-your-house-1274692

Page, K., & Jane, P. (2017, 9 de diciembre). 30 hierbas sagradas para hacer sahumerios y limpiezas. Ilmypsychicjane.Com. https://www.ilmypsychicjane.com/single-post/2017/12/09/30-sacred-herbs-for-smudging-and-cleansing-purposes

Utiliza el poder del sonido para limpiar tu espacio. (s.f.). Energymuse.Com. Extraído de https://www.energymuse.com/blog/power-of-sound-clearing

Beckler, M. (2020, 7 de junio). Cómo conectar con tus Guías Espirituales en 5 pasos... ¡Pide ayuda! Ask-Angels.Com. https://www.ask-angels.com/spiritual-guidance/connect-spirit-guides

DestinoDeluxe. (2020, 30 de diciembre). Registros Akáshicos - ¿Qué son? ¿Cómo puedo leer los Registros Akáshicos? Destinationdeluxe.Com. https://destinationdeluxe.com/2020/12/30/Akashic-records-reading

Cinco pasos para profundizar en la relación con tu guía espiritual. (s.f.). Kripalu.Org. Extraído de https://kripalu.org/resources/five-steps-deepen-your-relationship-your-spirit-guide

Hess, A. (s.f.). Soul Realignment. Extraído del sitio web Soulrealignment.com: http://www.soulrealignment.com/the-Akashic-records-intuition-and-commitment

Higson, A. (2019, 25 de marzo). Cómo funciona una Oración de Registros Akáshicos con intención. Extraído de la página web Realitymanifestation.com: https://www.realitymanifestation.com/Akashic-records-prayer

Marlene, C. (2018, 3 de octubre). Establecer la intención como práctica espiritual. Extraído del Sitio web Cherylmarlene.com: https://www.cherylmarlene.com/setting-intention-as-spiritual-practice

Ysette. (2017, 8 de agosto). Qué es una lectura de calidad del Registro Akáshico? 2/6: LA INTENCIÓN. Extraído de la página web Mindsonfire.org: http://mindsonfire.org/2017/08/08/what-is-a-quality-Akashic-record-reading-pt-26-intention

Cómo acceder a tus propios Registros Akáshicos. (s.f.). Extraído de la página web Healyourlife.com: https://www.healyourlife.com/how-to-access-your-own-Akashic-records

Neil. (2019, 10 de noviembre). La oración sagrada, la oración del camino y sus variaciones. -. Extraído de la página web GlobalAkasha.com: https://globalAkasha.com/the-sacred-prayer-pathway-prayer-and-variations

thejoywithin. (2019, 14 de abril). Accediendo a tus Registros Akáshicos a través de la oración y la meditación. Extraído de la página web Thejoywithin.org: https://thejoywithin.org/spirituality/accessing-your-Akashic-records-through-prayer-and-meditation

Una meditación respiratoria de 6 minutos para cultivar la atención plena - mindful. (2016, 26 de febrero). Mindful.Org. https://www.mindful.org/a-five-minute-breathing-meditation

Beckler, M. (2019, 14 de diciembre). Cómo acceder a los registros akáshicos. Ask-Angels.Com. https://www.ask-angels.com/spiritual-guidance/access-Akashic-records

Kate (2021, 14 de agosto). Qué son los Registros Akáshicos y cómo acceder a ellos. Katestrong.Com. https://www.katestrong.com/what-are-the-Akashic-records-and-how-to-access-them

Mindfulness: Cómo hacerlo. (2019, 18 de octubre). Mindful.Org. https://www.mindful.org/mindfulness-how-to-do-it

Victoria, Wille, Crystal y Jas. (2020, 17 de julio). Registros Akáshicos 101: Cómo acceder y leer tus registros. Alittlesparkofjoy.Com. https://www.alittlesparkofjoy.com/Akashic-records

Insight Network, Inc. (s.f.). Sin título. Insighttimer.Com. Extraído de https://insighttimer.com/tomevans/guided-meditations/a-journey-to-the-akaskic

Lauren. (2015, 31 de julio). Cómo acceder a los misterios de tus registros akáshicos. Fractalenlightenment.Com. https://fractalenlightenment.com/35113/life/how-to-access-the-mysteries-of-your-Akashic-records

Neil. (2019, 20 de octubre). Cómo acceder a tus propios registros akáshicos - Global akasha. GlobalAkasha.Com. https://globalAkasha.com/how-to-access-your-own-Akashic-records

Noticias de Neurociencia. (2020, 6 de mayo). ¿Qué fuerza tienen tus imágenes mentales? Podría depender de lo "excitables" que sean sus neuronas - Neuroscience News. eurosciencenews.Com. https://neurosciencenews.com/mental-imagery-neurons-16345

Preguntas frecuentes sobre los registros akáshicos. (2018, 19 de diciembre). Extraído de la página web Mariekecahill.com: https://mariekecahill.com/about/Akashic-faq

CÓMO LEER LOS REGISTROS AKÁSICOS DE OTROS - Y a qué hay que prestar atención cuando se busca un lector. (2021, 21 de marzo). Extraído de https://www.youtube.com/watch?v=npFUg4dJyp4

Cómo acceder a los Registros Akáshicos - Preguntas frecuentes -. (2015, 23 de noviembre). Akashicfocus.Com. https://Akashicfocus.com/about-Akashic-records/faq-2

Preguntas frecuentes sobre los Registros Akáshicos. (2020, 9 de abril). Nancykern.Com. https://www.nancykern.com/Akashic-records-faq

Marlene, C. (2021, 3 de julio). Preguntas frecuentes sobre los Registros Akáshicos. Cherylmarlene.Com. https://www.cherylmarlene.com/Akashic-records-faq

8 maneras de elevar tu vibración (tu energía positiva). (s.f.). Extraído del sitio web Theholisticingredient.com: https://www.theholisticingredient.com/blogs/wholesome-living/13587702-8-ways-to-raise-your-vibration-your-positive-energy

Barnett, L. (2015). La sabiduría infinita de los registros akáshicos: Cómo acceder al plan de tu alma con facilidad. Red Wheel/Weiser.

O'Connor, B. (2015, 4 de junio). 11 prácticas de agua para sanar. Extraído del
Sitio web Spiritualityhealth.com: https://www.spiritualityhealth.com/blogs/heart-health/2015/06/04/bess-oconnor-16-ways-change-your-vibration-water

Satomikeely. (2021, 8 de marzo). Accediendo a los Registros Akáshicos: Cómo facilitar el proceso - smile love shine. Extraído de la página web Smileloveshine.com: https://smileloveshine.com/accessing-the-Akashic-records-how-to-make-the-process-easier

White, A. (2018, 18 de julio). 11 beneficios de la quema de salvia, cómo empezar y más. Extraído de la página web Healthline.com: https://www.healthline.com/health/benefits-of-burning-sage

www.ingramcontent.com/pod-product-compliance
Lightning Source LLC
Chambersburg PA
CBHW070328010526
44107CB00004B/462